中国城市客运发展报告

National Report on Urban Passenger Transport Development

（2012）

中华人民共和国交通运输部　编

人民交通出版社
China Communications Press

内 容 提 要

本报告反映了2012年度中国城市客运发展状况，展示了行业发展水平和特点。报告分为综述篇、行业篇、专题篇和年度大事记四部分，共十二章，涵盖了公共汽电车、城市轨道交通、出租汽车等城市客运领域，专题介绍了公交优先政策、公交都市创建、城市客运标准化、城市客运信息化、城市交通拥堵治理、城市客运节能减排及行业精神文明建设等方面的情况。本报告可为社会公众了解城市客运行业发展状况提供基础资料，为城市客运行业政策措施制定、企业经营管理和相关科研工作等提供参考。

Abstract

This report comprehensively represents the developmental level and characteristics of China's urban passenger transport in 2012. Specifically, the report consists of 12 chapters in 4 parts (Overview, Urban Passenger Transport Sector, Specific Topics, Important Events), which covers urban transit sections of passenger transport services of buses/trolly buses, urban rail transit and taxis. It also introduces public transit priority policy; The Transit Metropolis; urban passenger transport standardization and informatization; urban congestion contermeasures; energy conservation and the reduction of emissions; promotion of sector spiritual civilization. This report provides information of China's urban passenger transport development to public, supports urban transit policy-making process and the administration for the industry, as well as research purpose and enterprise development.

图书在版编目 (CIP) 数据

中国城市客运发展报告 . 2012 / 中华人民共和国交通运输部编 . —北京 : 人民交通出版社 , 2013.12
ISBN 978-7-114-11073-3

Ⅰ . ①中… Ⅱ . ①中… Ⅲ . ①城市运输 – 旅客运输 – 研究报告 – 中国 – 2012 Ⅳ . ① F572.8

中国版本图书馆 CIP 数据核字 (2013) 第 298783 号

书　　名： 中国城市客运发展报告（2012）
著 作 者： 中华人民共和国交通运输部
责任编辑： 刘　博
出版发行： 人民交通出版社
地　　址： (100011) 北京市朝阳区安定门外外馆斜街 3 号
网　　址： http://www.ccpress.com.cn
销售电话： (010)59757973
总 经 销： 人民交通出版社发行部
经　　销： 各地新华书店
印　　刷： 中国电影出版社印刷厂
开　　本： 880 × 1230　1/16
印　　张： 7.5
字　　数： 227 千
版　　次： 2013 年 12 月　第 1 版
印　　次： 2013 年 12 月　第 1 次印刷
书　　号： ISBN 978-7-114-11073-3
定　　价： 100.00 元
（有印刷、装订质量问题的图书由本社负责调换）

编委会

编写领导小组

编委会

编 写 组

编写说明

本报告由交通运输部道路运输司、交通运输部科学研究院编写完成。交通运输部科学研究院城市交通研究中心承担具体的编写及组织工作。

本报告内容分为综述篇、行业篇、专题篇和年度大事记四个部分，共十二章。各章主要撰稿人如下：第一章，江玉林、冯立光、彭唬；第二章，彭唬、郑宇、吴洪洋；第三章，魏领红、刘蕾蕾；第四章，贾文峥、郭谨一、朱晗、杨远舟、张勇；第五章，钟朝晖、李良华；第六章，彭唬、冯立光；第七章，安晶、郑宇、王江平；第八章，张好智、安小芬、杨丽改；第九章，刘好德、吴忠宜、刘向龙、宜毛毛；第十章，江天、郭忠；第十一章，李振宇、杜光远；第十二章，杨丽改、许飒。全书统稿由彭唬、叶宇海、安小芬、冯立光完成，文字数据校核由魏领红、牛犇、石欣等完成，插图绘制由魏领红、郭姗姗等完成。

交通运输部综合规划司等单位的有关同志参与了本报告的审稿工作，并提出了修改意见和建议。本报告数据提供与整理得到了交通运输部科学研究院交通信息中心王哲、王望雄、张子晗、冯宇和梁仁鸿的大力支持。

本报告中城市客运系统包括公共汽电车、城市轨道交通、出租汽车、城市客运轮渡以及相应的服务设施设备等，本报告主要数据来源为《城市（县城）客运统计》、《全国交通运输资料汇编》、《公路水路交通运输行业发展统计公报》、《中国城市建设统计年鉴》以及交通运输部道路运输司等部门的统计资料，案例材料来源于交通运输部道路运输司、交通运输部科学研究院和地方城市交通管理部门。本报告不含香港特别行政区、澳门特别行政区和台湾省的情况。

本报告中，我国东部、中部、西部地区依据自然地理位置划分，具体如下：

(1) 东部地区：北京、天津、河北、辽宁、上海、江苏、浙江、福建、山东、广东、广西和海南12个省（自治区、直辖市）；

编写说明

(2) 中部地区：山西、内蒙古、吉林、黑龙江、安徽、江西、河南、湖北和湖南 9 个省（自治区）；

(3) 西部地区：重庆、四川、贵州、云南、西藏、陕西、甘肃、青海、宁夏和新疆 10 个省（自治区、直辖市）。

由于 2012 年度城市人口数据尚未发布，本报告中与人口相关的指标数据均采用 2011 年度统计数据计算得出。

目 录

综 述 篇

第一章 城市客运发展概述 …… 3

1.1 城市客运供给能力 …… 3
1.2 城市客运服务水平 …… 7
1.3 城市客运发展特点 …… 10

第二章 城市客运发展环境 …… 12

2.1 经济社会环境 …… 12
2.2 政策法规环境 …… 14

行 业 篇

第三章 公共汽电车 …… 17

3.1 基础设施 …… 17
3.2 运营线路 …… 23
3.3 运营车辆 …… 28
3.4 经营主体 …… 39
3.5 运营指标 …… 42
3.6 行业管理 …… 48

第四章 城市轨道交通 …… 50

4.1 规划建设 …… 50
4.2 运营线路 …… 51
4.3 运营车辆 …… 54
4.4 经营主体 …… 55
4.5 运营指标 …… 57
4.6 行业管理 …… 58

第五章 出租汽车 …… 60

5.1 运营车辆 …… 60
5.2 经营主体 …… 64
5.3 运营指标 …… 67
5.4 行业管理 …… 71

目 录

专 题 篇

第六章 公交优先政策……75

6.1 国务院出台城市优先发展公共交通的指导意见……75
6.2 国务院研究部署城市优先发展公共交通……77
6.3 交通运输部召开全国城市公共交通工作会议……77

第七章 公交都市创建……79

7.1 现状……79
7.2 地方实践……79
7.3 工作重点……81

第八章 城市客运标准化……82

8.1 现状……82
8.2 地方实践……83
8.3 工作重点……84

第九章 城市客运信息化……85

9.1 现状……85
9.2 地方实践……86
9.3 工作重点……87

第十章 城市交通拥堵治理……88

10.1 现状……88
10.2 地方实践……88
10.3 工作重点……89

第十一章 城市客运节能减排……90

11.1 现状……90
11.2 地方实践……91
11.3 工作重点……92

第十二章 行业精神文明建设……93

12.1 现状……93
12.2 地方实践……94
12.3 工作重点……95

目　录

附录一　2012 年度城市客运大事记 …………………………………… 96

附录二　图表目录 ………………………………………………………… 99

CONTENTS

OVERVIEW

CHAPTER 1 DEVELOPMENT OF URBAN PASSENGER TRANSPORT 3

1.1 Urban Passenger Transport Supply Capacity 3
1.2 Urban Passenger Transport Service Level 7
1.3 Characteristics Of Urban Passenger Transport Development 10

CHAPTER 2 ENVIRONMENTS FOR URBAN PASSENGER TRANSPORT 12

2.1 Economic and Social Environment 12
2.2 Policy Environment 14

URBAN PASSENGER TRANSPORT SECTOR

CHAPTER 3 BUS AND TROLLY BUS 17

3.1 Infrastructure 17
3.2 Operation Route 23
3.3 Operation Vehicle 28
3.4 Operator Type 39
3.5 Operation Index 42
3.6 Sector Management 48

CHAPTER 4 URBAN RAIL TRANSIT 50

4.1 Planning and Construction 50
4.2 Operation Route 51
4.3 Operation Vehicle 54
4.4 Operator Type 55
4.5 Operation Index 57
4.6 Sector Management 58

CHAPTER 5 TAXI 60

5.1 Operation Vehicle 60
5.2 Operator Type 64
5.3 Operation Index 67
5.4 Sector Management 71

CONTENTS

SPECIFIC TOPICS

CHAPTER 6 THE "PUBLIC TRANSIT PRIORITY" POLICY 75

6.1 The State Council issued The Guiedlines 75
6.2 Delopyment of The "Public Transit Priority" Policy 77
6.3 National Counference on Public Transit 77

CHAPTER 7 THE TRANSIT METROPOLIS 79

7.1 Current Situation 79
7.2 Local Practice 79
7.3 Key Point 81

CHAPTER 8 URBAN PASSENGER TRANSPORT STANDARDIZATION 82

8.1 Current Situation 82
8.2 Local Practice 83
8.3 Key Point 84

CHAPTER 9 URBAN PASSENGER TRANSPORT INFORMATIZATION 85

9.1 Current Situation 85
9.2 Local Practice 86
9.3 Key Point 87

CHAPTER 10 URBAN CONGESTION CONTERMEASURES 88

10.1 Current Situation 88
10.2 Local Practice 88
10.3 Key Point 89

CHAPTER 11 URBAN PASSENGER TRANSPORT ENERGY CONSERVATION AND THE REDUCTION OF EMISSIONS 90

11.1 Current Situation 90
11.2 Local Practice 91
11.3 Key Point 92

CHAPTER 12 PROMOTION OF SECTOR SPIRITUAL CIVILIZATION 93

12.1 Current Situation 93
12.2 Local Practice 94
12.3 Key Point 95

CONTENTS

APPENDIX 1 IMPORTANT EVENTS OF URBAN PASSENGER TRANSPORT IN 2012 96

APPENDIX 2 LISTS OF FIGURES AND TABLES 99

综述篇

OVERVIEW

2012年是实施国家“十二五”规划承上启下的关键一年，也是城市客运发展取得突出成效的一年。国务院发布了《国务院关于城市优先发展公共交通的指导意见》（国发〔2012〕64号），明确了一系列支持城市优先发展公共交通的重大政策和制度。交通运输部召开全国城市公共交通工作会议，对贯彻落实公交优先发展战略作出全面部署。各级政府陆续出台了财政、土地等相关支持政策，积极推进城市公共交通优先发展，城市客运基础设施建设取得明显成效，城市客运发展环境进一步改善，公交都市创建工作扎实有序推进，行业服务能力与水平得到有效提升。2012年，我国城市客运整体运行状况良好，全国城市客运系统共完成客运量1228.4亿人次，其中城市公共交通客运量838.4亿人次，同比增长6.3%，出租汽车客运量390.0亿人次，同比增长3.5%。城市客运在满足人民群众日益增长的出行需求、保障经济社会健康发展、节约能源和保护环境等方面发挥了重要作用。

第一章　城市客运发展概述

1.1　城市客运供给能力

截至2012年年底，全国公共汽电车运营车辆共计47.5万辆（52.8万标台），比2011年增长4.8%（5.7%）；城市轨道交通运营车辆共计12611辆（30672标台），比2011年增长26.8%（26.1%）；出租汽车运营车辆共计130.0万辆，比2011年增长2.8%；城市客运轮渡运营船只共计590艘，比2011年下降44.4%，见图1-1和图1-2。全国万人❶公共交通车辆保有量（包括公共汽电车和城市轨道交通车辆）7.6标台。

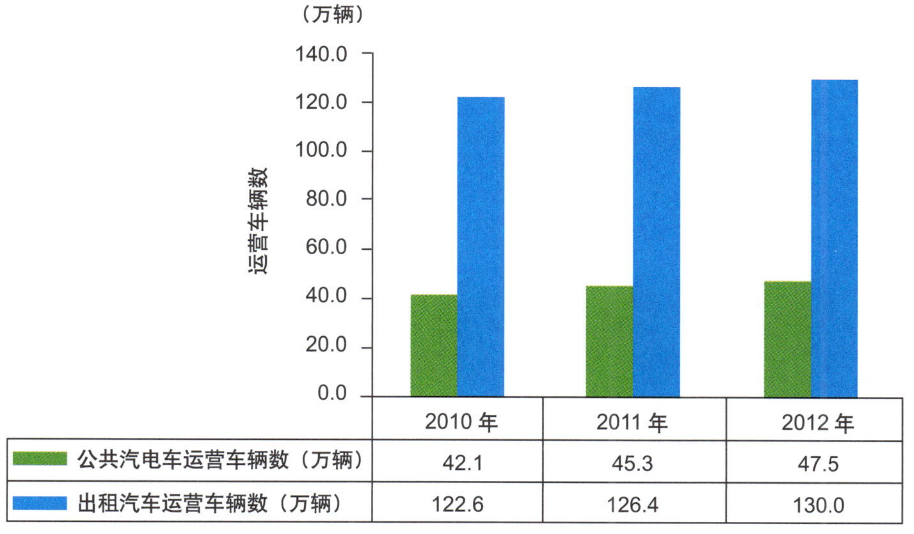

	2010年	2011年	2012年
公共汽电车运营车辆数（万辆）	42.1	45.3	47.5
出租汽车运营车辆数（万辆）	122.6	126.4	130.0

图1-1　2010～2012年全国公共汽电车、出租汽车运营车辆数量情况

注：数据来源于《公路水路交通运输业发展统计公报》。

❶ 人口为市区人口，指行政区域内常住人口和未落户口的常住人口，包括暂住人口，以公安部门的户籍统计数据为准，数据来源于《中国城市建设统计年鉴》。

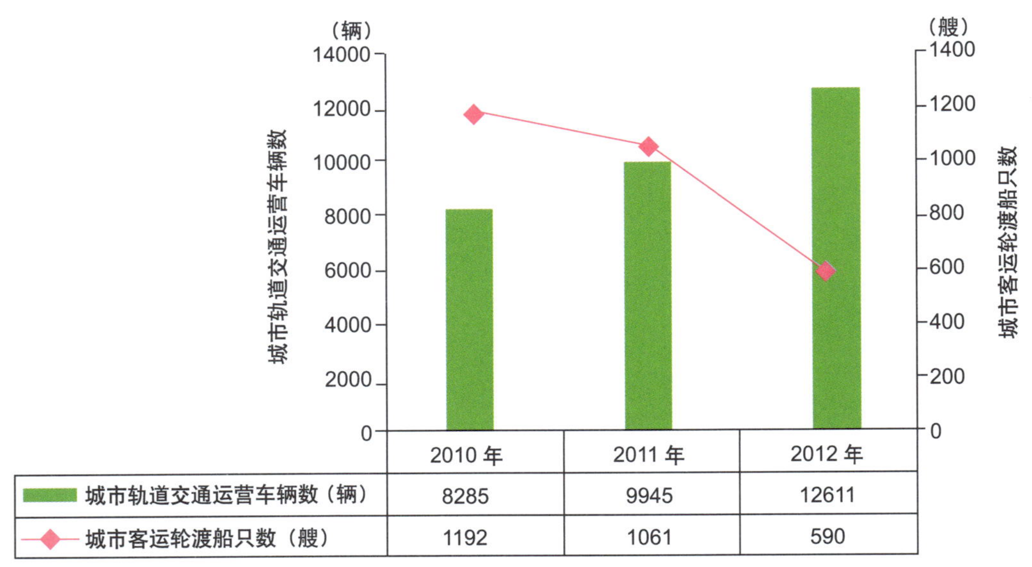

	2010 年	2011 年	2012 年
城市轨道交通运营车辆数（辆）	8285	9945	12611
城市客运轮渡船只数（艘）	1192	1061	590

图 1-2　2010 ~ 2012 年全国城市轨道交通运营车辆和客运轮渡船只数量情况

注：数据来源于《公路水路交通运输业发展统计公报》。

截至 2012 年年底，全国公共汽电车运营线路 3.8 万条，运营线路总长度达 71.5 万公里，较 2011 年分别增长 6.6% 和 6.2%；全国城市轨道交通运营线路共计 69 条，总长度为 2057.9 公里，较 2011 年分别增长了 19.0% 和 21.1%。2010~2012 年全国公共汽电车和城市轨道交通运营线路长度情况见图 1-3。

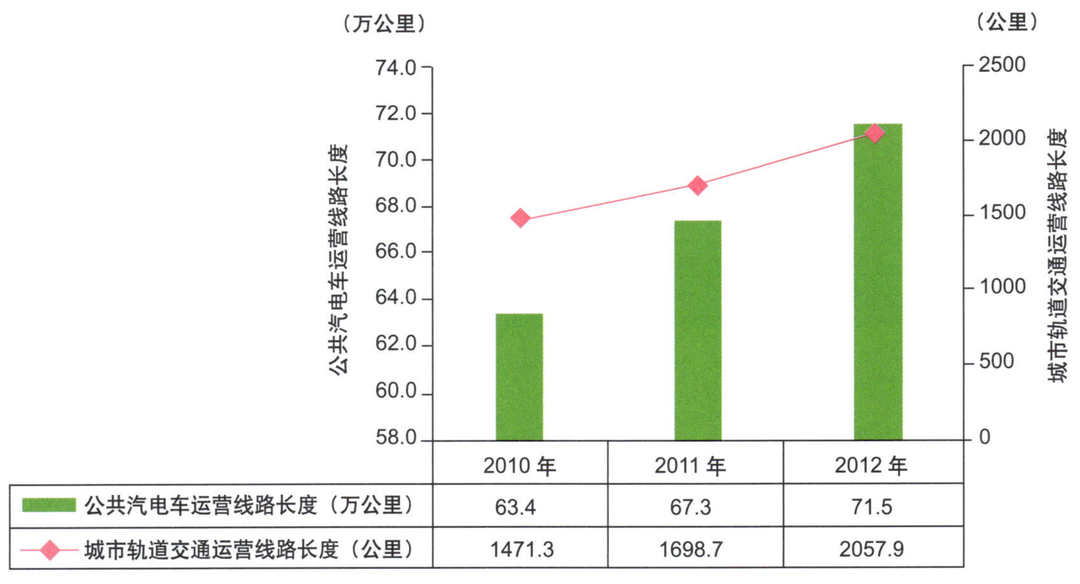

	2010 年	2011 年	2012 年
公共汽电车运营线路长度（万公里）	63.4	67.3	71.5
城市轨道交通运营线路长度（公里）	1471.3	1698.7	2057.9

图 1-3　2010 ~ 2012 年全国公共汽电车和城市轨道交通运营线路长度情况

注：数据来源于《公路水路交通运输业发展统计公报》。

2012 年全国 31 个省（自治区、直辖市）以及全国 36 个中心城市公共交通供给能力综合情况见表 1-1，表 1-2。

2012 年全国 31 个省（自治区、直辖市）城市公共交通供给能力综合情况　　表 1-1

省份	公共交通运营车辆数（标台）			公共交通车辆保有量（标台/万人）	公共汽电车运营线路长度（公里）	城市轨道交通运营线路长度（公里）	公交专用车道长度（公里）	公共汽电车车均场站面积（平方米/标台）
		公共汽电车运营车辆数（标台）	城市轨道交通运营车辆数（标台）					
全国	558908	528236	30672	7.6	714562	2057.9	5255.8	107.3
北京	41798	32585	9213	20.7	19547	442.0	355.1	102.5
天津	11259	9732	1527	13.2	12732	138.7	65.0	69.4
河北	20565	20565	—	7.2	28485	—	59.6	104.2
山西	10180	10180	—	6.1	19253	—	92.5	99.5
内蒙古	8102	8102	—	7.9	20693	—	51.2	171.3
辽宁	26195	25085	1110	8.2	26419	136.8	280.1	112.1
吉林	11770	11280	490	6.0	12446	54.5	105.8	42.2
黑龙江	16897	16897	—	7.4	19587	—	53.7	110.8
上海	28356	20531	7825	12.1	23190	468.2	161.8	82.3
江苏	38885	37445	1440	6.7	52887	110.2	553.1	134.1
浙江	28937	28517	420	7.0	47193	48.0	174.8	132.0
安徽	16216	16216	—	6.4	16813	—	95.5	165.1
福建	14313	14313	—	6.0	19605	—	117.2	87.0
江西	10899	10899	—	6.5	17222	—	25.7	78.2
山东	40752	40752	—	7.1	64976	—	553.8	111.3
河南	21852	21852	—	5.3	24278	—	40.0	111.0
湖北	21720	20940	780	5.2	20539	56.1	68.1	100.6
湖南	17608	17608	—	6.7	19498	—	182.8	86.3
广东	63897	57997	5900	8.0	91235	413.0	1007.7	95.1
广西	10381	10381	—	4.9	16501	—	89.7	138.7
海南	2993	2993	—	5.7	6350	—	—	87.9
重庆	10061	8964	1097	5.5	8828	131.0	—	35.5
四川	28035	27435	600	7.8	28763	39.5	473.0	98.5
贵州	5938	5938	—	5.1	6518	—	13.4	91.8
云南	11951	11951	—	8.5	38472	—	125.0	136.0
西藏	575	575	—	10.4	1022	—	—	76.5
陕西	13886	13616	270	9.7	12367	19.9	381.0	130.4
甘肃	6716	6716	—	7.1	8013	—	—	64.5
青海	3451	3451	—	23.0	6192	—	—	53.9
宁夏	3726	3726	—	10.6	6635	—	53.0	163.4
新疆	10993	10993	—	11.8	18303	—	77.2	151.0

注：1. 数据来源于《公路水路交通运输业发展统计公报》、《城市（县城）客运统计》。

2. 此表中城市公共交通包括公共汽电车与城市轨道交通，不含城市客运轮渡；车均场站面积中场站面积为保养场面积与停车场面积之和。

2012年全国36个中心城市公共交通供给能力综合情况 表1-2

城市	公共交通运营车辆数(标台)	公共汽电车运营车辆数(标台)	城市轨道交通运营车辆数(标台)	公共交通车辆保有量(标台/万人)	公共汽电车运营线路长度(公里)	城市轨道交通运营线路长度(公里)	公交专用车道长度(公里)	车均场站面积(平方米/标台)
北京	41798	32585	9213	20.7	19547	442.0	355.1	102.5
上海	28356	20531	7825	12.1	23190	468.2	161.8	82.3
重庆	10061	8964	1097	5.5	8828	131.0	—	35.5
广州	18317	15042	3275	14.3	14991	236.0	270.0	72.9
深圳	19757	17132	2625	18.9	18336	177.0	612.0	88.3
天津	11259	9732	1527	13.2	12732	138.7	65.0	69.4
沈阳	7699	7069	630	13.3	4040	49.8	152.1	48.0
长春	5571	5081	490	15.3	4486	54.5	92.8	5.7
哈尔滨	6759	6759	—	13.6	4439	—	30.7	114.2
南京	8857	7657	1200	16.1	7317	85.0	71.0	112.1
杭州	9572	9152	420	18.2	11351	48.0	61.0	179.0
济南	5447	5447	—	15.5	4031	—	114.9	193.1
郑州	7195	7195	—	14.0	3881	—	30.0	148.4
武汉	10603	9823	780	11.8	6073	56.1	32.9	93.0
太原	3462	3462	—	11.9	2817	—	92.5	98.2
成都	13097	12497	600	23.0	7236	39.5	425.0	96.8
昆明	5598	5598	—	13.0	10862	—	125.0	173.6
西安	9184	8914	270	16.1	5797	19.9	238.8	139.7
大连	6649	6169	480	20.4	3238	87.0	56.0	121.1
厦门	4758	4758	—	15.0	5272	—	63.2	63.1
乌鲁木齐	4988	4988	—	17.2	2265	—	57.2	126.3
合肥	3956	3956	—	12.0	2211	—	22.4	142.3
南宁	3543	3543	—	10.7	2548	—	60.0	108.7
贵阳	2892	2892	—	8.9	2939	—	13.4	77.1
石家庄	5400	5400	—	19.3	3361	—	26.8	114.1
呼和浩特	1954	1954	—	12.1	1666	—	17.0	272.3
福州	4005	4005	—	17.3	3249	—	38.0	80.1
南昌	4799	4799	—	20.8	3908	—	13.2	20.0
长沙	4878	4878	—	16.3	3263	—	129.6	85.1
海口	1797	1797	—	10.1	3847	—	—	81.2
兰州	3165	3165	—	14.4	1262	—	—	19.0
西宁	2103	2103	—	16.4	1267	—	—	48.0

续上表

城市	公共交通运营车辆数（标台）	公共汽电车运营车辆数（标台）	城市轨道交通运营车辆数（标台）	公共交通车辆保有量（标台/万人）	公共汽电车运营线路长度（公里）	城市轨道交通运营线路长度（公里）	公交专用车道长度（公里）	车均场站面积（平方米/标台）
青岛	6828	6828	—	24.6	5072	—	79.0	82.9
宁波	4857	4857	—	19.4	7847	—	28.5	126.4
银川	1901	1901	—	16.8	1406	—	53.0	157.8
拉萨	448	448	—	10.6	529	—	—	89.3

注：1. 数据来源于《公路水路交通运输业发展统计公报》、《城市（县城）客运统计》。

2. 此表中城市公共交通包括公共汽电车与城市轨道交通，不含城市客运轮渡；车均场站面积中场站面积为保养场面积与停车场面积之和。

1.2 城市客运服务水平

2012 年全国城市客运系统共完成客运量 1228.4 亿人次，比 2011 年增长 5.4%，其中，公共汽电车客运量为 749.8 亿人次，占 61.1%；城市轨道交通客运量为 87.3 亿人次，占 7.1%；出租汽车客运量为 390.0 亿人次，占 31.7%；轮渡客运量为 1.3 亿人次，占 0.1%。近 3 年全国城市客运系统客运量情况见图 1-4。

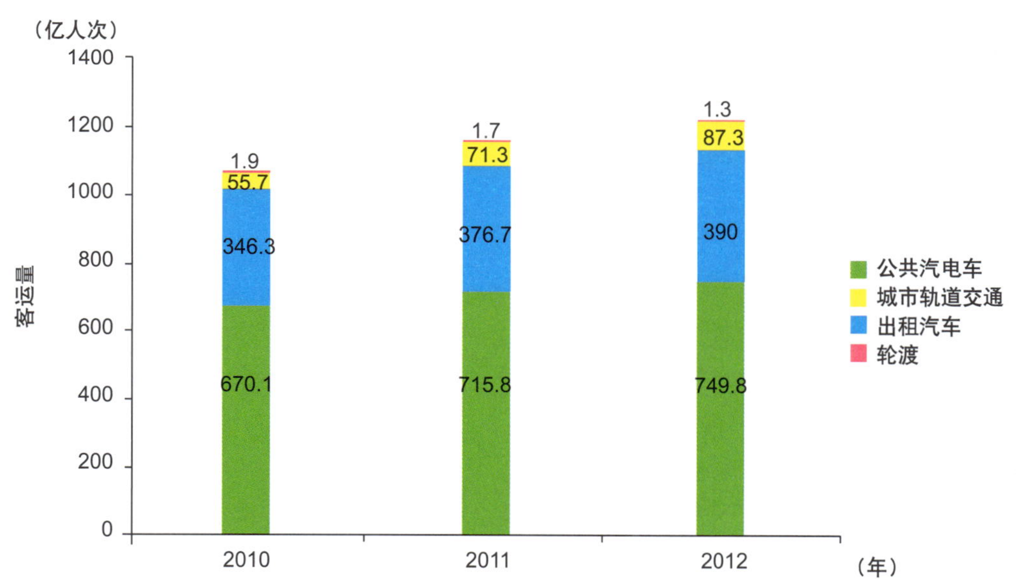

图 1-4 2010 ~ 2012 年全国城市客运系统客运量情况

注：数据来源于《公路水路交通运输业发展统计公报》。

2012 年全国 31 个省（自治区、直辖市）以及全国 36 个中心城市公共交通服务水平综合情况见表 1-3，表 1-4。

2012 年全国 31 个省（自治区、直辖市）城市公共交通服务水平综合情况　　表 1-3

省份	公共交通客运总量（万人次）	公共汽电车客运量（万人次）	公共汽电车客运量比重（%）	城市轨道交通客运量（万人次）	城市轨道交通客运量比重（%）	轮渡客运量（万人次）	轮渡客运量比重（%）	公共交通一卡通售卡量（万张）	公共交通一卡通刷卡量（万人次）
全国	8384095	7498035	89.4	872925	10.4	13135	0.2	31007.3	2992496
北京	761578	515416	67.7	246162	32.3	—	—	5564.3	430568
天津	129951	118721	91.4	11230	8.6	—	—	700.0	50817
河北	222856	222856	100	—	—	—	—	486.4	35604
山西	136574	136574	100	—	—	—	—	322.6	57547
内蒙古	112775	112775	100	—	—	—	—	110.4	26282
辽宁	440602	413692	93.9	26910	6.1	—	—	1105.6	138244
吉林	177975	172750	97.1	5225	2.9	—	—	260.4	37740
黑龙江	241128	240621	99.8	—	—	507	0.2	364.0	74836
上海	509838	280360	55	227573	44.6	1905	0.4	4719.0	217154
江苏	487807	444148	91	42655	8.7	1004	0.2	2568.1	214530
浙江	346552	345503	99.7	561	0.2	488	0.1	1702.5	169574
安徽	243884	243600	99.9	—	—	284	0.1	455.2	76522
福建	244279	241436	98.8	—	—	2843	1.2	568.6	73090
江西	147565	147502	100	—	—	63	0.0	124.3	34636
山东	421787	421566	99.9	—	—	221	0.1	1041	134455
河南	281704	281704	100	—	—	—	—	672.3	90385
湖北	359285	349152	97.2	8288	2.3	1845	0.5	648.8	155720
湖南	320312	320177	100	—	—	135	0.0	504.0	51798
广东	1017398	750296	73.7	263739	25.9	3363	0.3	5590.5	404343
广西	160505	160505	100	—	—	—	—	238.3	23407
海南	46817	46653	99.6	—	—	164	0.4	5.1	486
重庆	201645	176968	87.8	24363	12.1	314	0.2	565.0	89723
四川	408907	398599	97.5	10308	2.5	—	—	1035.3	60121
贵州	143499	143499	100	—	—	—	—	138.3	16306
云南	172050	172050	100	—	—	—	—	397.3	84018
西藏	8087	8087	100	—	—	—	—	0.6	1097
陕西	271276	265364	97.8	5912	2.2	—		300.8	112867
甘肃	111513	111513	100	—	—	—	—	348.5	50994
青海	47028	47028	100	—	—	—	—	152.8	29361
宁夏	40523	40523	100	—	—	—	—	15.2	2434
新疆	168398	168398	100	—	—	—	—	302.1	47838

注：数据来源于《公路水路交通运输业发展统计公报》、《城市（县城）客运统计》。

2012 年全国 36 个中心城市公共交通服务水平综合情况　　表 1-4

城市	公共交通客运量							公共交通一卡通售卡量（万张）	公共交通一卡通刷卡量（万人次）
	客运总量（万人次）	公共汽电车客运量（万人次）	公共汽电车客运量比重（%）	城市轨道交通客运量（万人次）	城市轨道交通客运量比重（%）	轮渡客运量（万人次）	轮渡客运量比重（%）		
北京	761578	515416	67.7	246162	32.3	—	—	5564.3	430568
上海	509838	280360	55.0	227573	44.6	1905	0.4	4719.0	217154
重庆	201517	176968	87.8	24363	12.1	186	0.1	565.0	89723
广州	450134	262742	58.4	185610	41.2	1782	0.4	2750.0	174500
深圳	306434	228305	74.5	78129	25.5	—	—	1800.0	145635
天津	129951	118721	91.4	11230	8.6	—	—	700.0	50817
沈阳	131404	113117	86.1	18287	13.9	—	—	515.2	55490
长春	80984	75759	93.5	5225	6.5	—	—	156.0	21303
哈尔滨	116491	116164	99.7	—	—	327	0.3	293.2	57328
南京	146327	105263	71.9	40060	27.4	1004	0.7	901.1	75460
杭州	132461	131900	99.6	561	0.4	—	—	606.7	88666
济南	85312	85312	100	—	—	—	—	342.4	15409
郑州	98474	98474	100	—	—	—	—	451.2	47200
武汉	167877	158478	94.4	8288	4.9	1111	0.7	350.0	115028
太原	57926	57926	100	—	—	—	—	258.0	42808
成都	168314	158006	93.9	10308	6.1	—	—	617.2	7597
昆明	85293	85293	100	—	—	—	—	294.5	60082
西安	180487	174575	96.7	5912	3.3	—	—	165.0	92398
大连	115250	106627	92.5	8623	7.5	—	—	312.6	43788
厦门	90351	87536	96.9	—	—	2815	3.1	342.6	50340
乌鲁木齐	85871	85871	100	—	—	—	—	197.3	34808
合肥	66164	66164	100	—	—	—	—	222.9	23650
南宁	58339	58339	100	—	—	—	—	98.5	6549
贵阳	65596	65596	100	—	—	—	—	107.1	11954
石家庄	63975	63975	100	—	—	—	—	231.6	7097
呼和浩特	36870	36870	100	—	—	—	—	66.5	18748
福州	66665	66637	100	—	—	28	—	136.5	12433
南昌	60539	60539	100	—	—	—	—	28.2	14586
长沙	76606	76606	100	—	—	—	—	269.2	30138
海口	28803	28747	99.8	—	—	56	0.2	5.0	464
兰州	70720	70720	100	—	—	—	—	272.6	39495
西宁	38392	38392	100	—	—	—	—	142.1	27209
青岛	95324	95103	99.8	—	—	221	0.2	262.8	51219
宁波	45482	45174	99.3	—	—	308	0.7	325.0	33302
银川	26233	26233	100	—	—	—	—	9.8	1731
拉萨	6772	6772	100	—	—	—	—	0.6	1097

注：数据来源于《公路水路交通运输业发展统计公报》、《城市（县城）客运统计》。

1.3 城市客运发展特点

① 公共交通发展政策取得重大突破

2012年12月，国务院发布《国务院关于城市优先发展公共交通的指导意见》，提出要深入贯彻落实科学发展观，加快转变城市交通发展方式，突出城市公共交通的公益属性，将公共交通发展放在城市交通发展的首要位置，进一步落实规划布局、设施建设、技术装备、运营服务等方面的政策措施，着力提升城市公共交通保障水平，开创城市公共交通优先发展的新局面。2012年10月，交通运输部组织召开全国城市公共交通工作会议，研究部署了当前和今后一段时期城市公交优先发展的重点工作。2012年6月，《国家税务总局 交通运输部关于城市公交企业购置公共汽电车辆免征车辆购置税有关问题的通知》（国税发〔2012〕61号）出台，细化了对城市公交企业新购置公共汽电车车辆免征车辆购置税的具体条件和工作程序等。

② 公共交通服务水平不断提高

各地采取多种措施，从设施建设、车辆购置、科技应用等方面加大对城市公共交通的投入力度，有效提高了城市公共交通服务水平。2012年，全国城市公共交通系统共完成客运量838.4亿人次，比2011年增长6.3%。城市轨道交通、城市快速公交（BRT）等快速大容量公共交通系统加快发展，北京、上海、广州、深圳等城市轨道交通网络逐步完善。全国16个城市相继建成了城市快速公交（BRT），济南、常州、郑州等城市初步建成了快速公交网络化运营系统。各地紧密结合当地实际，积极创新公共交通服务方式，提高服务品质。北京、深圳、西安、济南等城市积极开通上下班高峰通勤班车、商务快巴、旅游专线、社区接驳公交、学生专线公交等多种形式的公交服务，得到社会公众的认可。

③ 公交都市创建工作稳步推进

公交都市创建工作启动以来，得到了各地方政府和交通运输主管部门的积极响应。2012年10月，交通运输部公布了北京、石家庄、太原等15个城市为第一批公交都市创建城市。同时，交通运输部加快研究制定公交都市评价指标和考评办法，加大对公交都市创建城市的指导和支持。2012年，交通运输部从第一批公交都市创建城市中择优选择10个城市，开展城市公共交通智能化应用示范工程，加快推进信息技术在公共交通领域的应用。各公交都市创建城市紧密结合当地实际，加强公交都市创建工作的组织实施，编制公交都市创建工作实施方案，建立了公交都市创建工作协调推进机制，完善政策措施，有力推进了公交都市创建工作的实施。

④ 城市客运管理体制机制改革进一步深化

各地按照大部制改革精神，深入推进城市客运管理体制改革。截至2012年年底，全国31个省（自治区、直辖市）已经全部将城市客运管理职能划归交通运输管理部门。全国省辖城市中有95%以上的城市明确由交通运输主管部门管理城市客运。为加快转变政府职能，交通运输部加强了城市客运行业相关中介组织建设。2012年9月，中国道路运输协会城市客运分会正式成立，为加强城市客运企业与政府管理部门间的联系，起到了重要的桥梁和纽带作用。2012年7月，全国城市客运标准化技术委员会正式成立，为促进城市公共交通规范化发展提供了重要支撑。各地积极探索实施城市公交特许经营制度和服务质量招投标制度，加快推进经营主体结构调整，城市公交运营管理的制度化、规范化程度显著提高。

5 城市客运信息化建设取得新成效

2012 年，城市客运信息化建设取得了明显成效，建设步伐进一步加快。“城市公共交通智能化应用示范工程”“城市综合客运枢纽信息系统建设与示范工程”“城市出租汽车服务管理信息系统试点工程”“城市公交电子支付卡互联互通”等一批带动性强、示范效果良好的重大工程和项目顺利实施，有力地推进了城市客运运营调度、信息服务、安全监控、公共交通一卡通以及售检票系统等方面的技术进步。同时，城市客运信息化相关的标准规范体系建设加快推进，为城市客运信息化发展奠定了基础。

第二章　城市客运发展环境

2012年，我国国民经济继续保持平稳发展态势，经济结构加速调整，城镇化和机动化进程加快，城乡居民出行需求保持了旺盛的增长势头。为满足日益增长的居民出行需求，各级政府不断加大城市客运的支持力度，城市客运发展的外部环境逐步改善。

2.1　经济社会环境

2012年，面对世界经济复苏明显放缓的国际形势和国内改革发展稳定的繁重任务，党中央、国务院坚持以科学发展为主题，以加快转变经济发展方式为主线，按照稳中求进的工作总基调，及时加强和改善宏观调控，国民经济运行缓中企稳，产业结构加快调整，城镇化进程稳步推进，人民生活水平进一步提高，为城市客运发展创造了良好的经济社会环境。

1　经济发展影响

2012年，全国实现国内生产总值519322亿元，比2011年增长了7.8%。随着国民经济的健康发展和人民群众生活水平的提高，城乡居民消费能力不断提高，城乡居民出行总量持续增长，同时，人们对城市客运服务质量的要求越来越高。从近几年的总体发展情况看，城市客运系统完成的客运量与国内生产总值、城镇居民人均可支配收入保持了同步的增长态势（见图2-1、图2-2），城市客运保障经济社会发展的能力不断增强。

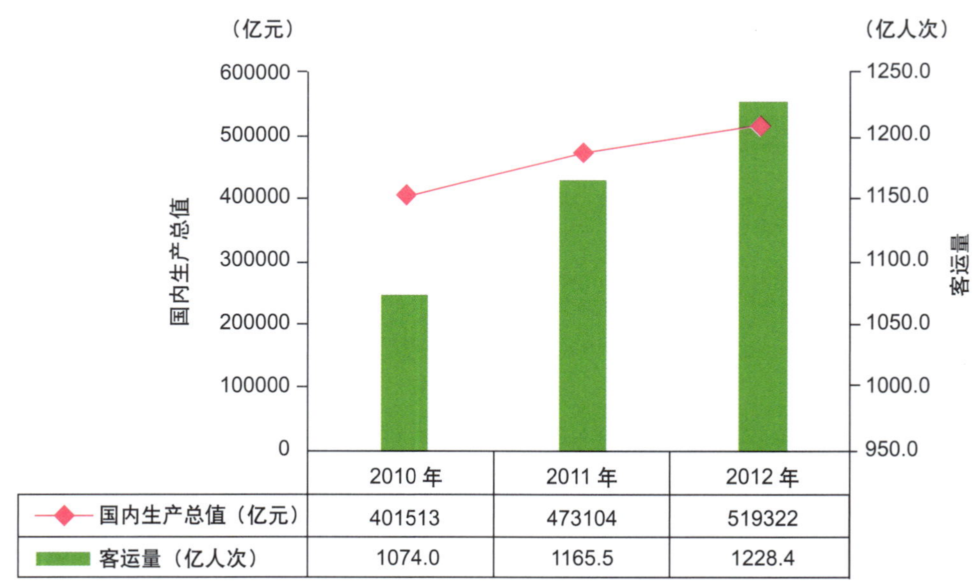

	2010年	2011年	2012年
国内生产总值（亿元）	401513	473104	519322
客运量（亿人次）	1074.0	1165.5	1228.4

图2-1　2010～2012年全国国内生产总值与城市客运系统客运量情况

注：数据来源于《国民经济和社会发展统计公报》、《城市（县城）客运统计》。

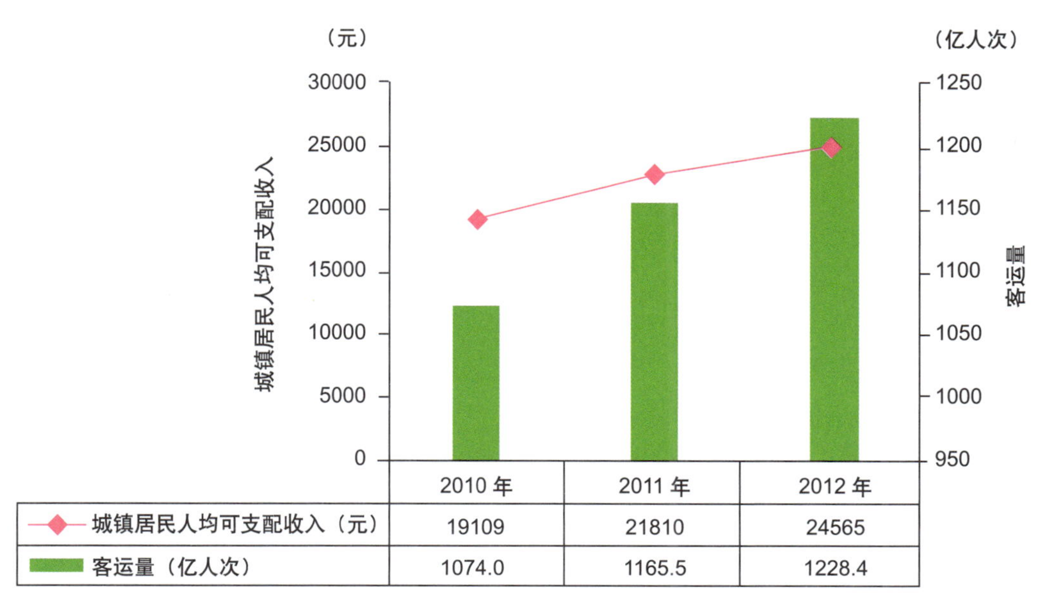

	2010 年	2011 年	2012 年
城镇居民人均可支配收入（元）	19109	21810	24565
客运量（亿人次）	1074.0	1165.5	1228.4

图 2-2　2010 ~ 2012 年城镇居民人均可支配收入与城市客运系统客运量情况

注：数据来源于《国民经济和社会发展统计公报》、《公路水路交通运输业发展统计公报》。

② 城镇化与机动化发展影响

近年来，我国城镇化进程不断加快，截至 2012 年年底，全国城镇化率为 52.6%，城镇人口达到 7.1 亿，比 2011 年年末增加 2103 万人。城镇化加速了农村人口向城市的转移，导致城市客运需求总量持续增长，对城市客运基础设施和服务品质提出了更高的要求。2010~2012 年城镇化率与城市客运系统客运量情况见图 2-3。

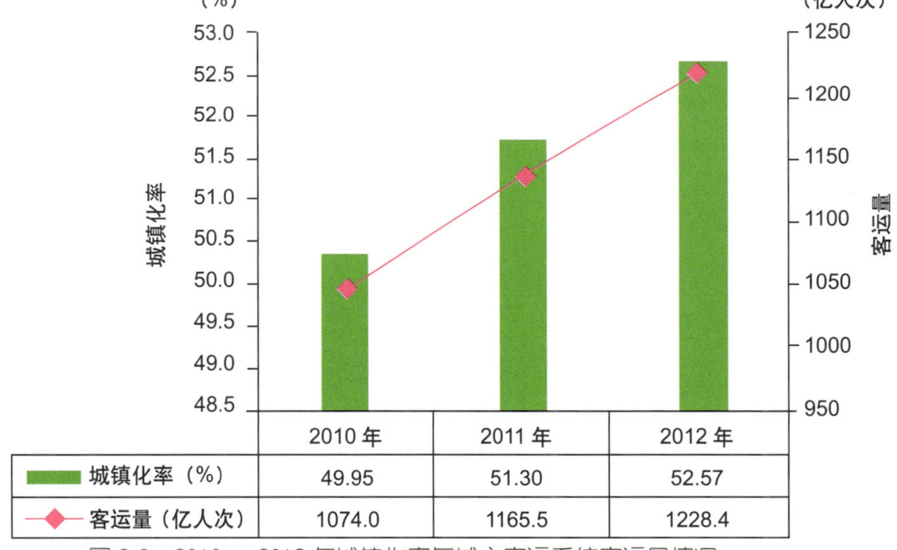

	2010 年	2011 年	2012 年
城镇化率（%）	49.95	51.30	52.57
客运量（亿人次）	1074.0	1165.5	1228.4

图 2-3　2010 ~ 2012 年城镇化率与城市客运系统客运量情况

注：数据来源于《国民经济和社会发展统计公报》、《公路水路交通运输业发展统计公报》。

近年来，我国机动化进程进入快速发展期，截至 2012 年年底，我国民用汽车保有量达到 12089 万辆，比 2011 年增长 14.3%，其中私人轿车保有量为 5308 万辆，比 2011 年增长 22.8%。快速机动化给城市交通系统带来较大压力，城市交通拥堵日趋严重，要求进一步加快城市客运发展步伐，不断提高服务能力和服务水平，充分发挥城市公共交通对城市发展的引领作用，促进城市交通与城市发展相协调。

2.2 政策法规环境

2012 年 11 月，党的十八大胜利召开。十八大报告勾画了在新的历史条件下全面建成小康社会、加快推进社会主义现代化的宏伟蓝图，为我国经济社会发展确定了总基调。十八大报告提出，加快改革财税体制，健全中央和地方财力与事权相匹配的体制，完善促进基本公共服务均等化和主体功能区建设的公共财政体系；加快完善城乡发展一体化体制机制，着力在城乡规划、基础设施、公共服务等方面推进一体化，促进城乡要素平等交换和公共资源均衡配置；把生态文明建设放在突出地位，融入经济建设、政治建设、文化建设、社会建设各方面和全过程。城市客运是满足人民群众日常出行的重要服务性行业，十八大报告作出的这些重大决策，为进一步改善城市客运发展环境、推进行业转型升级、提升服务水平指明了方向。

2012 年 10 月，国务院第 219 次常务会议研究部署城市优先发展公共交通，明确了优先发展公共交通的重点任务。2012 年 12 月，国务院发布《国务院关于城市优先发展公共交通的指导意见》，从发展理念、发展原则、发展政策和发展机制等方面提出了推进城市公共交通发展的指导意见，提出要将公交发展资金纳入公共财政体系、依法减征或者免征城市公共交通运营车辆车船税、对城市轨道交通运营企业实施电价优惠、实施公交用地综合开发、实施交通影响评价制度、建立绩效评价制度等重大政策制度，并针对公交路权和信号优先、公交安全管理、完善决策程序、改善公交职工待遇、加强交通综合管理等作出了政策性规定。

为减轻城市公共交通企业经营压力，2012 年 6 月，国家税务总局、交通运输部联合发布《关于城市公交企业购置公共汽电车辆免征车辆购置税有关问题的通知》（国税发〔2012〕61 号），明确了对城市公交企业新购置的公共汽电车车辆免征车辆购置税的具体条件和工作程序等。此外，根据《城乡道路客运成品油价格补助资金管理暂行办法》及相关规定，有关部门进一步规范了中央财政对城市公共交通运营车辆成品油价格补助资金的发放工作，保障了城市公共交通油价补助资金的及时发放，缓解了城市公交企业的经营压力。

为进一步规范出租汽车行业管理，交通运输部组织编写了《〈出租汽车服务质量信誉考核办法（试行）〉释义》和《〈出租汽车驾驶员从业资格管理规定〉释义》，于 2012 年 3 月出版。此外，交通运输部积极组织开展《出租汽车运营服务规范》、《城市轨道交通试运营基本条件》和《城市轨道交通运营服务规范》等标准的制修订工作，促进出租汽车行业、城市轨道交通行业规范健康发展。

行 业 篇

URBAN PASSENGER TRANSPORT SECTOR

第三章　公共汽电车

截至 2012 年年底，全国公共汽电车经营企业为 3312 户，从业人员 125.6 万人，运营线路 38243 条，运营里程 346.8 亿公里，公共汽电车全年共完成客运量 749.8 亿人次。2012 年全国公共汽电车发展情况见表 3-1。

2012 年全国公共汽电车发展情况　　**表 3-1**

	场站面积（万平方米）	公交专用车道长度（公里）	运营线路长度（万公里）	运营线路数（条）	运营车辆数（标台）	经营企业数（户）	从业人数（万人）	运营里程（万公里）	客运量（亿人次）
2012 年全国总数	5667.6	5255.8	71.5	38243	528236	3312	125.6	3468229	749.8
2012 年比 2011 年同比增长率（%）	8.3	18.8	6.2	6.6	5.7	–0.4	2.4	4.5	4.7

注：数据来源于《公路水路交通运输业发展统计公报》、《城市（县城）客运统计》。

3.1　基础设施

① 场站设施

截至 2012 年年底，全国公共汽电车场站❶面积为 5667.6 万平方米，其中保养场面积 973.1 万平方米，停车场面积 4694.5 万平方米，较 2011 年分别增长了 13.6% 和 7.3%，场站面积逐年增加，见图 3-1。

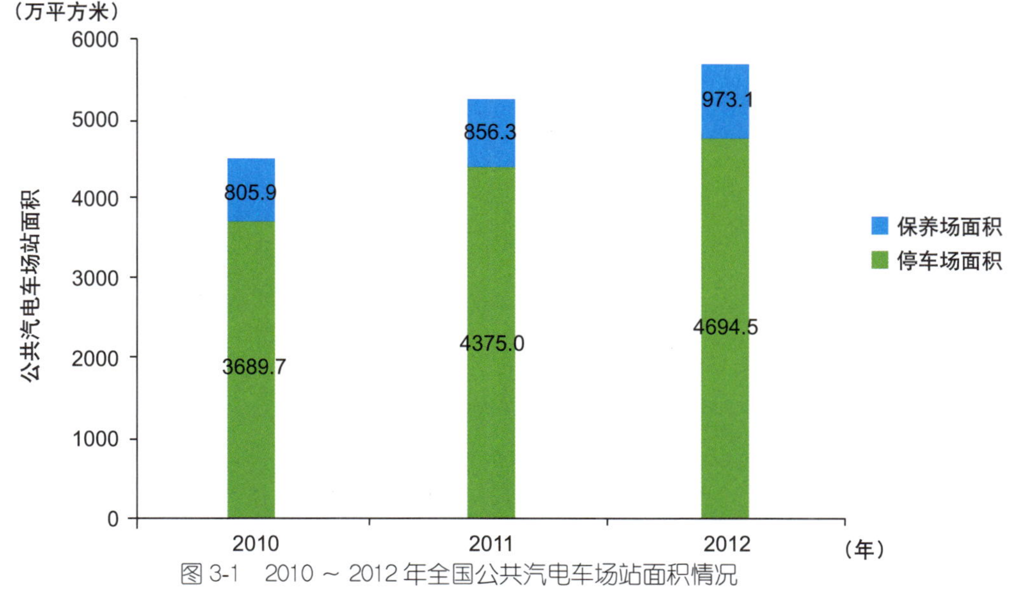

图 3-1　2010 ～ 2012 年全国公共汽电车场站面积情况

注：数据来源于《公路水路交通运输业发展统计公报》。

❶ 公共汽电车场站包含保养场和停车场。保养场主要指为公共汽电车提供车辆养护、保修的场所；停车场主要指公交企业所有或租赁的运营车辆停车场地。

2012 年，全国公共汽电车场站面积为 5667.6 万平方米；车均场站面积为 107.3 平方米 / 标台，约为《城市道路公共交通站、场、厂工程设计规范》（CJJ/T 15—2011）推荐面积（200 平方米 / 标台）的 53.7%，比 2011 年增长了 2.5%。2012 年，车均场站面积超过全国平均水平的有 13 个省（自治区、直辖市），见图 3-2 和表 3-2。

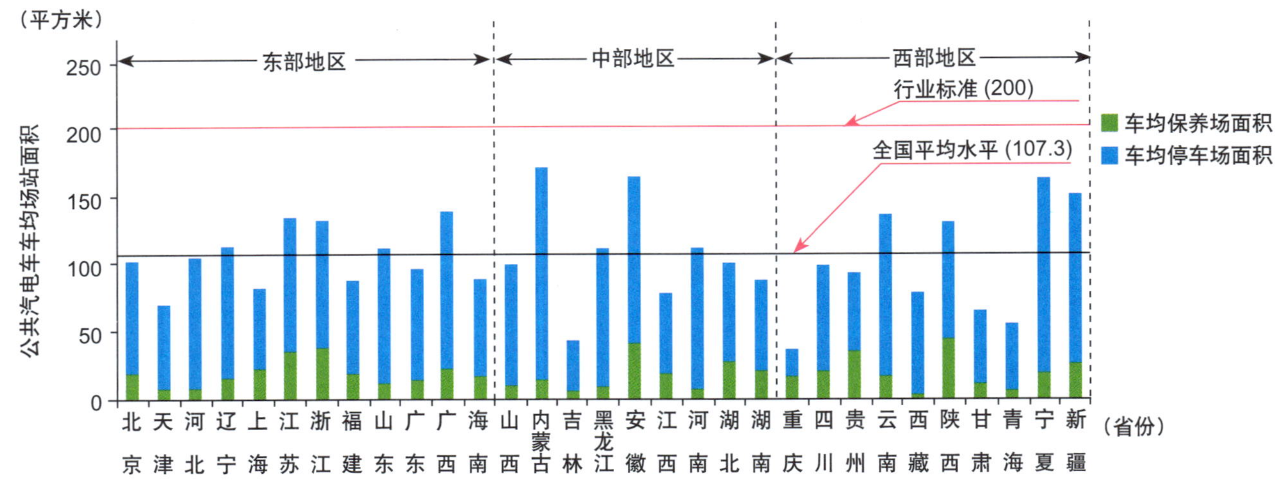

图 3-2　2012 年全国 31 个省（自治区、直辖市）公共汽电车车均场站面积情况

注：数据来源于《城市（县城）客运统计》。

2012 年全国 31 个省（自治区、直辖市）公共汽电车场站面积情况　　**表 3-2**

东部地区	场站面积（万平方米）	车均场站面积（平方米/标台）	中部地区	场站面积（万平方米）	车均场站面积（平方米/标台）	西部地区	场站面积（万平方米）	车均场站面积（平方米/标台）
北京	333.9	102.5	山西	101.3	99.5	重庆	31.8	35.5
天津	67.5	69.4	内蒙古	138.8	171.3	四川	270.1	98.5
河北	214.2	104.2	吉林	47.6	42.2	贵州	54.5	91.8
辽宁	281.1	112.1	黑龙江	187.2	110.8	云南	162.5	136.0
上海	168.9	82.3	安徽	267.7	165.1	西藏	4.4	76.5
江苏	502.3	134.1	江西	85.2	78.2	陕西	177.5	130.4
浙江	376.5	132.0	河南	242.6	111.0	甘肃	43.3	64.5
福建	124.5	87.0	湖北	210.6	100.6	青海	18.6	53.9
山东	453.6	111.3	湖南	151.9	86.3	宁夏	60.9	163.4
广东	551.8	95.1				新疆	166.0	151.0
广西	144.0	138.7						
海南	26.3	87.9						

注：数据来源于《城市（县城）客运统计》。

2010 ~ 2012 年全国 31 个省（自治区、直辖市）车均场站面积呈现逐年递增趋势，年均增长 4.6%，其中北京市和西藏自治区❶年均分别增长125.8%和101.2%。另外，有14个省（自治区、直辖市）呈现负增长，场站建设有待进一步加强，见图3-3。

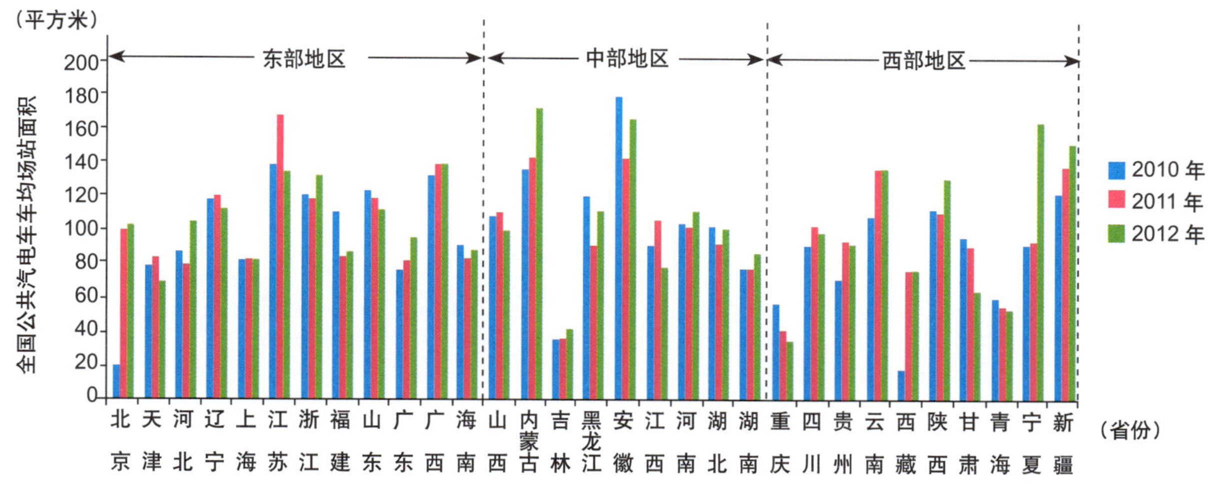

图3-3　2010～2012年全国31个省（自治区、直辖市）公共汽电车车均场站面积情况

注：数据来源于《城市（县城）客运统计》。

2012年36个中心城市公共汽电车场站面积❷占全国场站面积总量的45.4%，有15个城市的车均场站面积超过全国平均水平，其中，呼和浩特的公共汽电车车均场站面积为272.3平方米/标台，超过行业标准推荐值（200平方米/标台）。2012年及2010~2012年全国36个中心城市公共汽电车车均场站面积情况分别见图3-4、图3-5和表3-3。

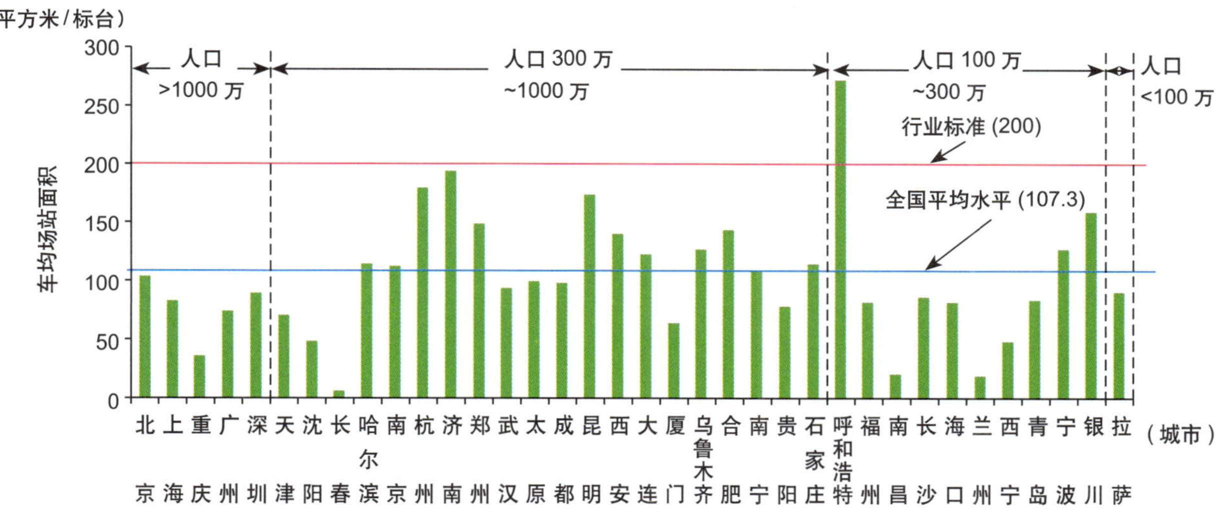

图3-4　2012年全国36个中心城市公共汽电车车均场站面积情况

注：数据来源于《城市（县城）客运统计》。

❶ 自2011年起，西藏自治区部分公共汽电车改为不收费车辆，不再计入运营车辆统计之中，因此较2010年车辆数有所减少。

❷ 由于数据缺失，36个中心城市中石家庄、太原、郑州和拉萨公共汽电车车均场站面积不包括保养场面积，银川公共汽电车车均场站面积不包括停车场面积。

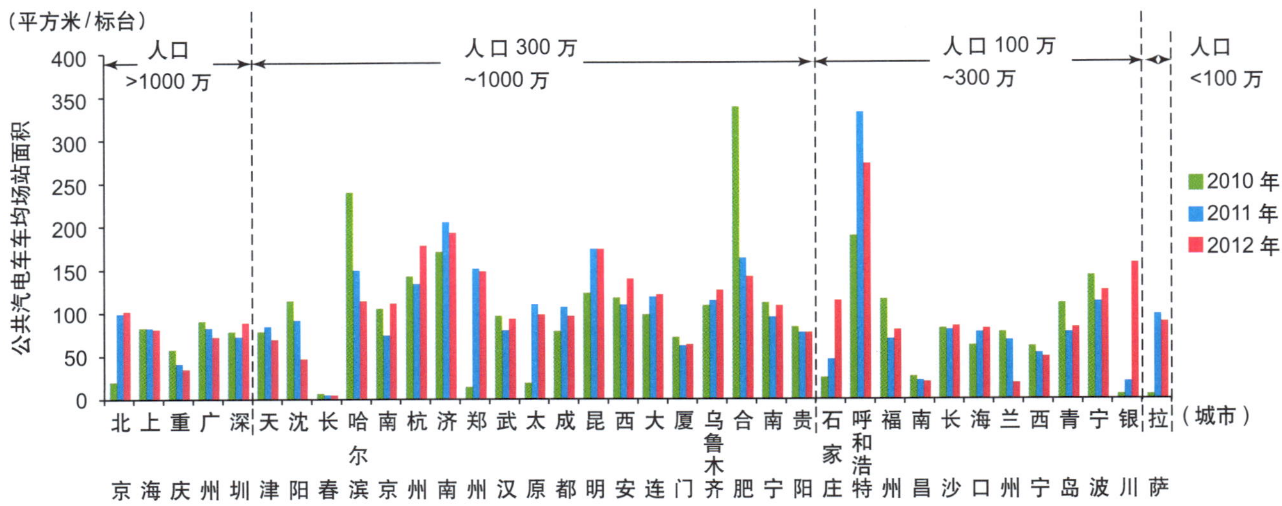

图 3-5　2010 ~ 2012 年全国 36 个中心城市公共汽电车车均场站面积情况

注：数据来源于《城市（县城）客运统计》。

2012 年全国 36 个中心城市公共汽电车场站面积情况　　表 3-3

市区人口（万人）	城市	保养场面积（万平方米）	停车场面积（万平方米）	场站面积合计（万平方米）	车均场站面积（平方米/标台）	市区人口（万人）	城市	保养场面积（万平方米）	停车场面积（万平方米）	场站面积合计（万平方米）	车均场站面积（平方米/标台）
>1000	北京	57.3	276.6	333.9	102.5	300~1000	大连	6.4	68.3	74.7	121.1
	上海	43.4	125.5	168.9	82.3		厦门	6.5	23.5	30.0	63.1
	重庆	13.2	18.6	31.8	35.5		乌鲁木齐	3.3	59.7	63.0	126.3
	广州	20.4	89.2	109.6	72.9		合肥	5.2	51.1	56.3	142.3
	深圳	13.6	137.6	151.2	88.3		南宁	5.8	32.7	38.5	108.7
300~1000	天津	5.8	61.7	67.5	69.4		贵阳	9.8	12.5	22.3	77.1
	沈阳	6.3	27.6	33.9	48.0	100~300	石家庄	—	61.6	61.6	114.1
	长春	1.2	1.7	2.9	5.7		呼和浩特	4.7	48.5	53.2	272.3
	哈尔滨	6.8	70.4	77.2	114.2		福州	2.5	29.6	32.1	80.1
	南京	26.1	59.7	85.8	112.1		南昌	4.6	5.0	9.6	20.0
	杭州	86.0	77.8	163.8	179.0		长沙	11.6	29.9	41.5	85.1
	济南	5.6	99.6	105.2	193.1		海口	3.4	11.2	14.6	81.2
	郑州	—	106.8	106.8	148.4		兰州	1.2	4.8	6.0	19.0
	武汉	38.5	52.9	91.4	93.0		西宁	0.2	9.9	10.1	48.0
	太原	—	34.0	34.0	98.2		青岛	5.8	50.8	56.6	82.9
	成都	13.1	107.9	121.0	96.8		宁波	4.0	57.4	61.4	126.4
	昆明	11.2	86.0	97.2	173.6		银川	2.8	27.2	30.0	157.8
	西安	53.0	71.5	124.5	139.7	<100	拉萨	—	4.0	4.0	89.3

注：数据来源于《城市（县城）客运统计》。

② 公交专用车道

截至2012年年底，全国共有26个省（自治区、直辖市）开通公交专用车道，公交专用车道长度为5255.8公里，比2011年增长18.8%。从2010年到2012年，公交专用车道呈现逐年递增的趋势，近3年年均增长18.8%，见图3-6。

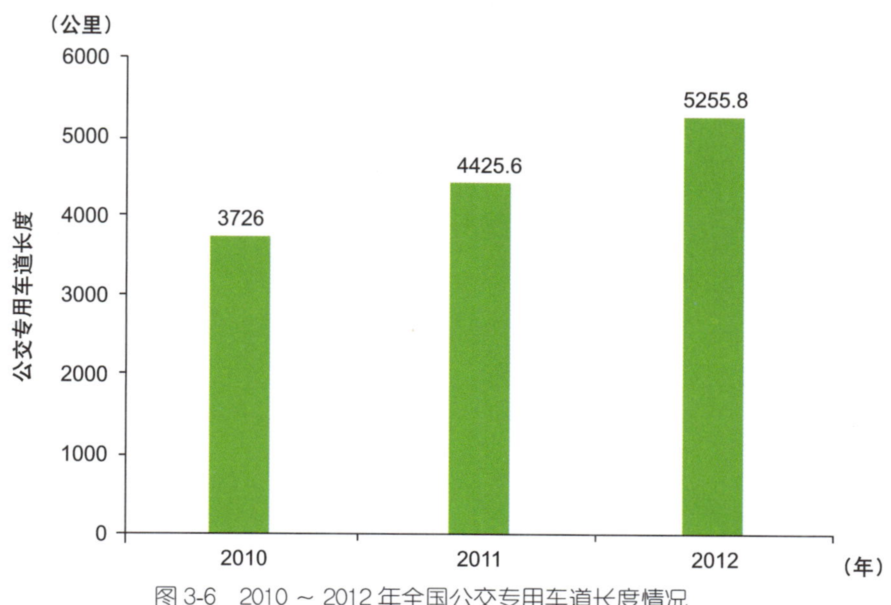

图3-6　2010～2012年全国公交专用车道长度情况

注：数据来源于《城市（县城）客运统计》。

2012年，全国各省公交专用车道平均长度为169.5公里，全国31个省（自治区、直辖市）中，公交专用车道长度前五位的省份依次为广东、山东、江苏、四川、陕西，其中广东超过1000公里，是2010年的2.2倍，年均增长46.9%。2010~2012年全国公交专用车道长度情况见图3-7、表3-4。

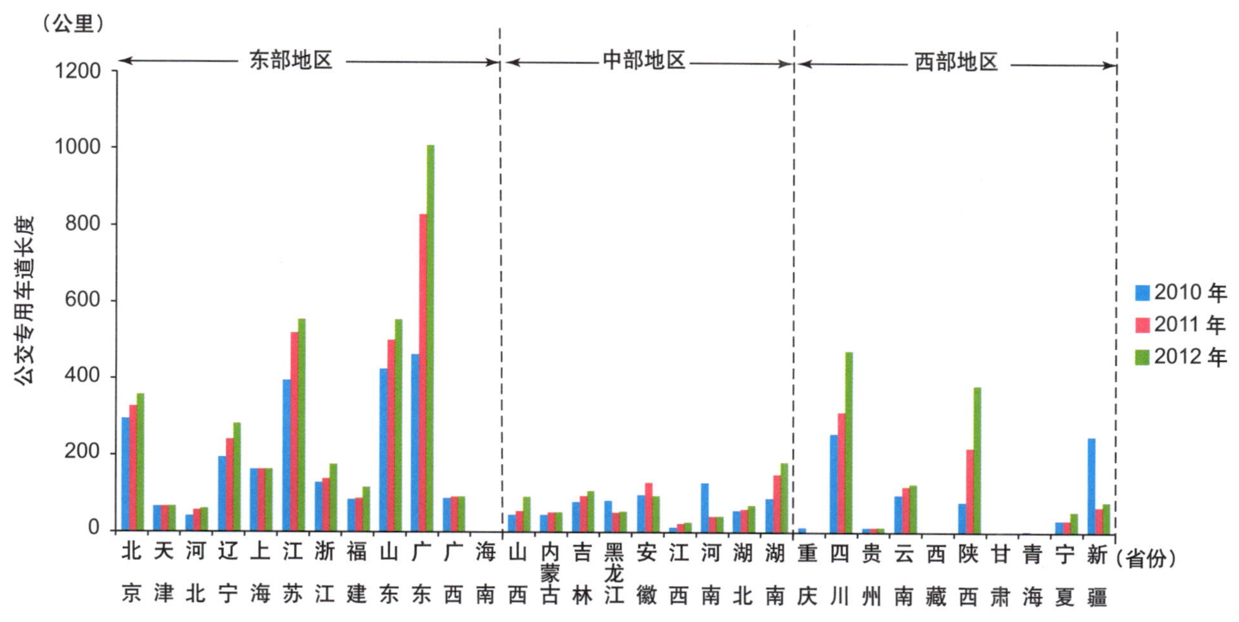

图3-7　2010～2012年全国31个省（自治区、直辖市）公交专用车道长度情况

注：数据来源于《城市（县城）客运统计》。

2012 年全国 31 个省（自治区、直辖市）公交专用车道长度情况　　表 3-4

东部地区	公交专用车道长度（公里）	中部地区	公交专用车道长度（公里）	西部地区	公交专用车道长度（公里）
北京	355.1	山西	92.5	重庆	—
天津	65.0	内蒙古	51.2	四川	473.0
河北	59.6	吉林	105.8	贵州	13.4
辽宁	280.1	黑龙江	53.7	云南	125.0
上海	161.8	安徽	95.5	西藏	—
江苏	553.1	江西	25.7	陕西	381.0
浙江	174.8	河南	40.0	甘肃	—
福建	117.2	湖北	68.1	青海	—
山东	553.8	湖南	182.8	宁夏	53.0
广东	1007.7			新疆	77.2
广西	89.7				
海南	—				

注：数据来源于《城市（县城）客运统计》。

截至 2012 年年底，全国 36 个中心城市中已有 31 个城市开通公交专用车道，累计长度为 3587.9 公里，占全国公交专用车道总长度的 68.3%。2010~2012 年全国 36 个中心城市公交专用车道长度情况见图 3-8，2012 年全国 36 个中心城市公交专用车道长度情况见表 3-5。

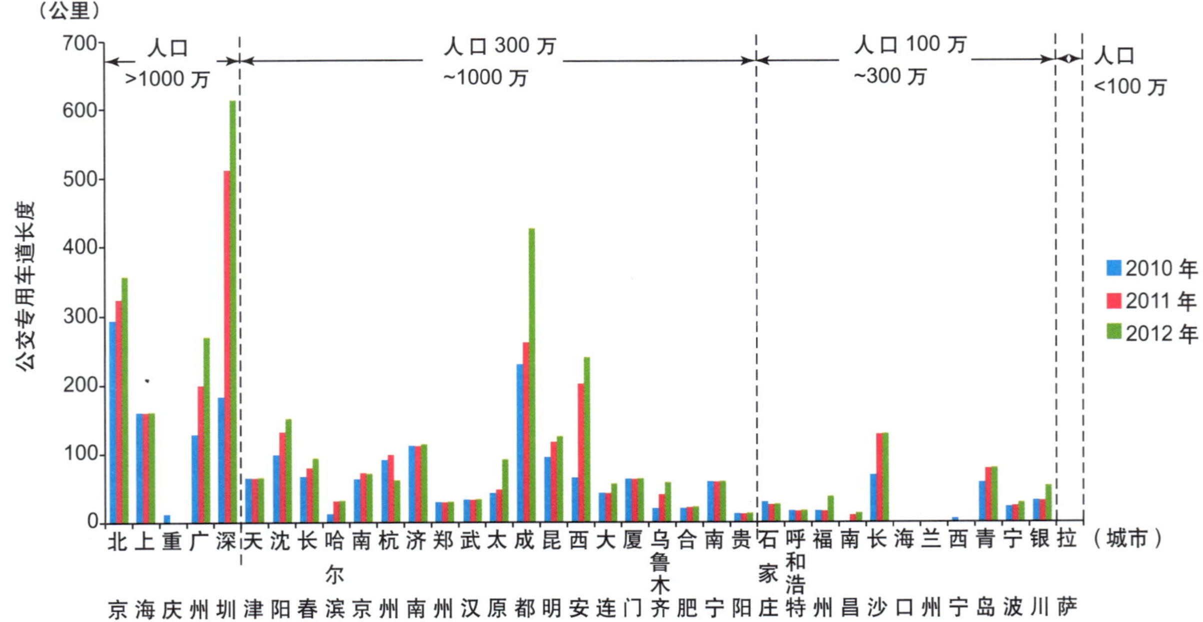

图 3-8　2010 ~ 2012 年全国 36 个中心城市公交专用车道长度情况

注：数据来源于《城市（县城）客运统计》。

2012 年全国 36 个中心城市公交专用车道长度情况　　表 3-5

市区人口（万人）	城市	2012 年长度（公里）	同比增长率（%）	市区人口（万人）	城市	2012 年长度（公里）	同比增长率（%）
>1000	北京	355.1	9.4	300~1000	大连	56.0	30.2
	上海	161.8	—		厦门	63.2	—
	重庆	—	—		乌鲁木齐	57.2	38.2
	广州	270.0	35.0		合肥	22.4	—
	深圳	612.0	19.5		南宁	60.0	—
300 ~ 1000	天津	65.0	—		贵阳	13.4	—
	沈阳	152.1	13.8	100 ~ 300	石家庄	26.8	—
	长春	92.8	16.0		呼和浩特	17.0	—
	哈尔滨	30.7	—		福州	38.0	137.5
	南京	71.0	–2.7		南昌	13.2	10.9
	杭州	61.0	–39.0		长沙	129.6	—
	济南	114.9	1.8		海口	—	—
	郑州	30.0	—		兰州	—	—
	武汉	32.9	—		西宁	—	—
	太原	92.5	88.8		青岛	79.0	—
	成都	425.0	61.6		宁波	28.5	22.3
	昆明	125.0	6.1		银川	53.0	65.6
	西安	238.8	18.2	<100	拉萨	—	—

注：数据来源于《城市（县城）客运统计》。

3.2　运营线路

截至 2012 年年底，全国共有公共汽电车运营线路 38243 条，全国公共汽电车运营线路保持稳定增长，2010~2012 年全国公共汽电车运营线路条数年均增长 6.6%，见图 3-9。

2012 年全国 36 个中心城市中 25 个城市的万人拥有公共汽电车运营线路数超过全国平均值（0.52 条），其中宁波市最高，万人平均拥有公共汽电车运营线路 1.43 条，见图 3-10。有多个城市的万人拥有公共汽电车运营线路长度超过全国平均水平（9.68 公里），其中杭州为 21.6 公里，宁波为 31.3 公里，昆明为 25.3 公里，见表 3-6。

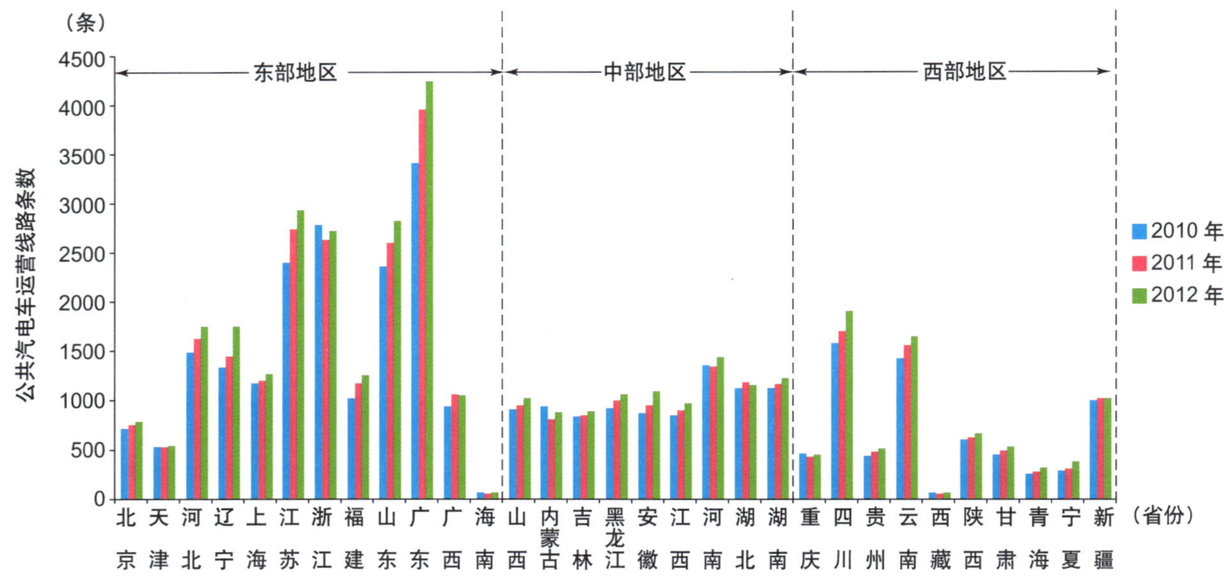

图 3-9　2010 ~ 2012 年全国 31 个省（自治区、直辖市）公共汽电车运营线路条数情况

注：数据来源于《城市（县城）客运统计》。

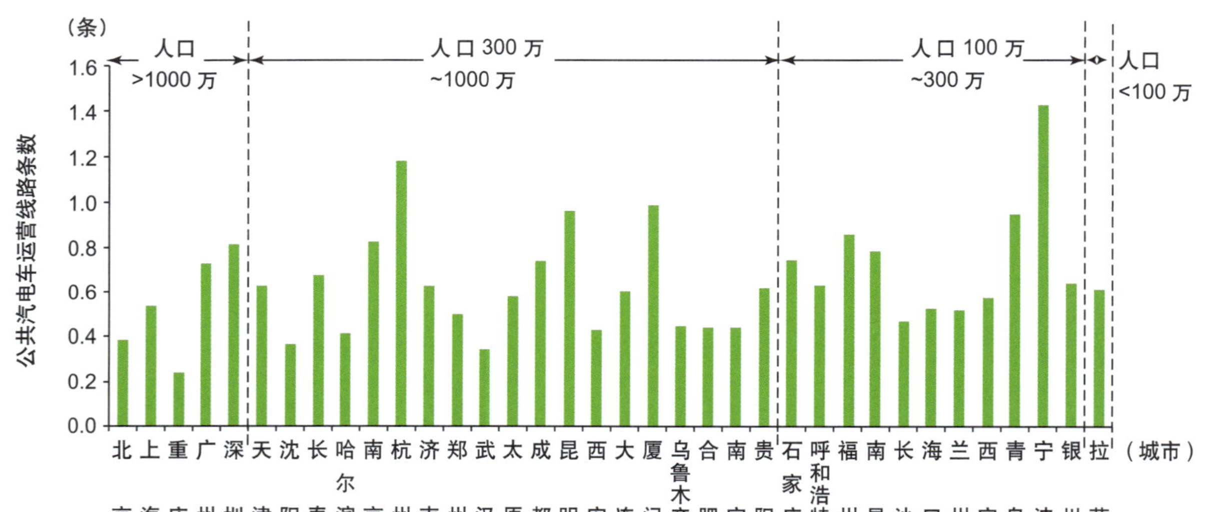

图 3-10　2012 年全国 36 个中心城市万人拥有公共汽电车运营线路条数情况

注：数据来源于《城市（县城）客运统计》。

2012 年全国 36 个中心城市万人拥有公共汽电车运营线路长度情况　　　　表 3-6

市区人口（万人）	城市	运营线路长度（公里）	市区人口（万人）	万人拥有运营线路长度（公里/万人）	市区人口（万人）	城市	运营线路长度（公里）	市区人口（万人）	万人拥有运营线路长度（公里 / 万人）
>1000	北京	19547	2018.6	9.7	300 ~ 1000	大连	3238	325.9	9.9
	上海	23190	2347.5	9.9		厦门	5272	317.8	16.6
	重庆	8828	1833.3	4.8		乌鲁木齐	2265	290.6	7.8
	广州	14991	1284.7	11.7		合肥	2211	330.9	6.7
	深圳	18336	1046.7	17.5		南宁	2548	330.7	7.7

续上表

市区人口（万人）	城市	运营线路长度（公里）	市区人口（万人）	万人拥有运营线路长度（公里/万人）	市区人口（万人）	城市	运营线路长度（公里）	市区人口（万人）	万人拥有运营线路长度（公里/万人）
300～1000	天津	12732	852.5	14.9	300～1000	贵阳	2939	324.3	9.1
	沈阳	4040	577.1	7.0	100～300	石家庄	3361	279.5	12.0
	长春	4486	364.8	12.3		呼和浩特	1666	161.3	10.3
	哈尔滨	4439	497.6	8.9		福州	3249	232.0	14.0
	南京	7317	551.6	13.3		南昌	3908	231.1	16.9
	杭州	11351	524.7	21.6		长沙	3263	299.7	10.9
	济南	4031	351.4	11.5		海口	3847	177.8	21.6
	郑州	3881	515.7	7.5		兰州	1262	219.3	5.8
	武汉	6073	897.0	6.8		西宁	1267	128.2	9.9
	太原	2817	290.8	9.7		青岛	5072	277.1	18.3
	成都	7236	570.1	12.7		宁波	7847	250.9	31.3
	昆明	10862	429.5	25.3		银川	1406	113.2	12.4
	西安	5797	568.8	10.2	<100	拉萨	529	42.1	12.6

注：数据来源于《城市（县城）客运统计》。

截至2012年年底，全国公共汽电车运营线路长度达71.5万公里，平均每条线路长度为18.7公里。其中，广东省公共汽电车运营线路长度达到9.1万公里，列各省份之首；海南省单条公共汽电车运营线路平均长度为27.6公里，列各省份之首。2010~2012年我国公共汽电车运营线路长度见图3-11，2012年全国公共汽电车运营线路长度及单条线路平均长度情况见表3-7。

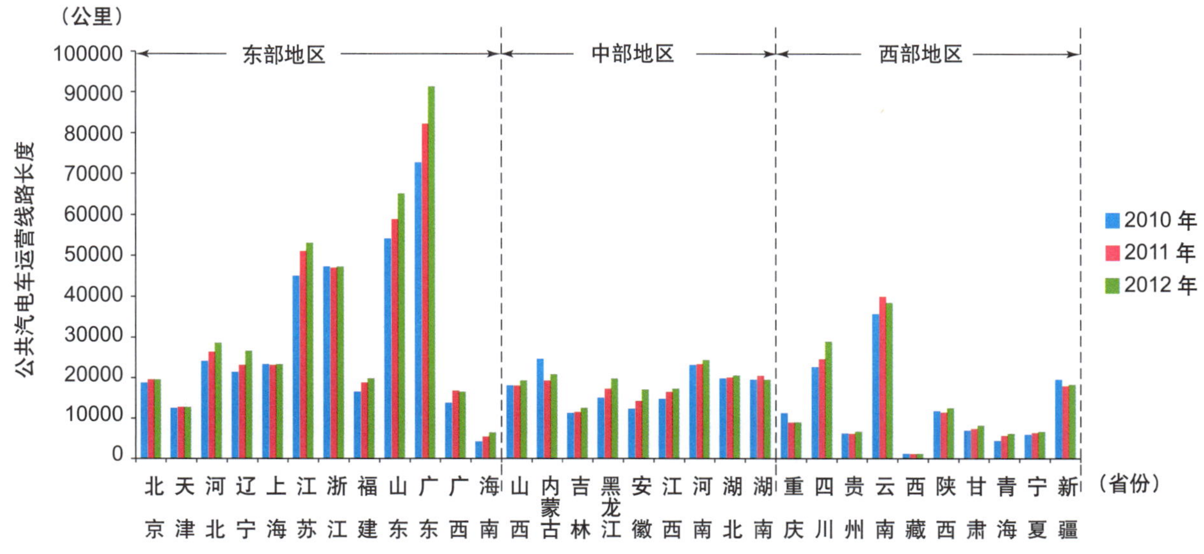

图3-11　2010～2012年全国公共汽电车运营线路长度情况

注：数据来源于《城市（县城）客运统计》。

2012 年全国 31 个省（自治区、直辖市）公共汽电车运营线路长度及单条线路平均长度情况 **表 3-7**

东部地区	运营线路长度（公里）	运营线路条数（条）	单条线路平均长度（公里）	中部地区	运营线路长度（公里）	运营线路条数（条）	单条线路平均长度（公里）	西部地区	运营线路长度（公里）	运营线路条数（条）	单条线路平均长度（公里）
北京	19547	779	25.1	山西	19253	1019	18.9	重庆	8828	446	19.8
天津	12732	536	23.8	内蒙古	20693	871	23.8	四川	28763	1896	15.2
河北	28485	1749	16.3	吉林	12446	883	14.1	贵州	6518	506	12.9
辽宁	26419	1596	16.6	黑龙江	19587	1057	18.5	云南	38472	1642	23.4
上海	23190	1257	18.4	安徽	16813	1089	15.4	西藏	1022	56	18.3
江苏	52887	2936	18.0	江西	17222	967	17.8	陕西	12367	658	18.8
浙江	47193	2722	17.3	河南	24278	1426	17.0	甘肃	8013	524	15.3
福建	19605	1249	15.7	湖北	20539	1143	18.0	青海	6192	319	19.4
山东	64976	2825	23.0	湖南	19498	1217	16.0	宁夏	6635	347	19.1
广东	91235	4241	21.5					新疆	18303	1015	18.0
广西	16501	1042	15.8								
海南	6350	230	27.6								

注：数据来源于《城市（县城）客运统计》。

2010~2012 年，全国 36 个中心城市公共汽电车单条线路平均长度大于全国平均值（18.7 公里）的有 16 个城市，其中，海口的单条线路平均长度为 41.4 公里，兰州的单条线路平均长度为 11.1 公里，见图 3-12 和表 3-8。

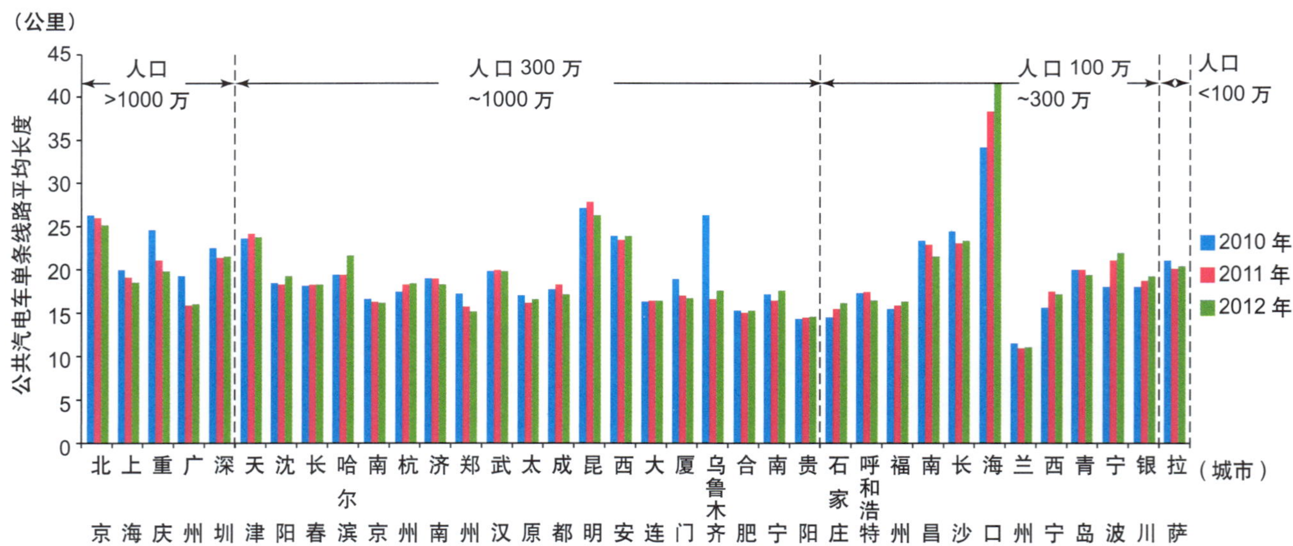

图 3-12　2010 ~ 2012 年全国 36 个中心城市公共汽电车单条线路平均长度情况

注：数据来源于《城市（县城）客运统计》。

2012 年全国 36 个中心城市公共汽电车运营线路情况　　表 3-8

市区人口（万人）	城市	运营线路长度（公里）	运营线路条数（条）	单条线路平均长度（公里）	市区人口（万人）	城市	运营线路长度（公里）	运营线路条数（条）	单条线路平均长度（公里）
>1000	北京	19547	779	25.1	300~1000	大连	3238	198	16.4
	上海	23190	1257	18.4		厦门	5272	315	16.7
	重庆	8828	446	19.8		乌鲁木齐	2265	129	17.6
	广州	14991	937	16.0		合肥	2211	145	15.2
	深圳	18336	854	21.5		南宁	2548	145	17.6
300~1000	天津	12732	536	23.8		贵阳	2939	201	14.6
	沈阳	4040	210	19.2	100~300	石家庄	3361	209	16.1
	长春	4486	247	18.2		呼和浩特	1666	102	16.3
	哈尔滨	4439	205	21.7		福州	3249	199	16.3
	南京	7317	455	16.1		南昌	3908	182	21.5
	杭州	11351	620	18.3		长沙	3263	140	23.3
	济南	4031	221	18.2		海口	3847	93	41.4
	郑州	3881	257	15.1		兰州	1262	114	11.1
	武汉	6073	307	19.8		西宁	1267	74	17.1
	太原	2817	170	16.6		青岛	5072	263	19.3
	成都	7236	422	17.1		宁波	7847	358	21.9
	昆明	10862	413	26.3		银川	1406	73	19.3
	西安	5797	243	23.9	<100	拉萨	529	26	20.3

注：数据来源于《城市（县城）客运统计》。

截至 2012 年年底，全国快速公交（BRT）运营线路长度达到 1383 公里，占全国公共汽电车运营线路总长度的 0.19%，较 2011 年增长了 395 公里，增长率为 40.0%。2012 年全国快速公交（BRT）运营线路情况见表 3-9。

2012 年全国快速公交（BRT）运营线路情况　　表 3-9

城市	运营线路长度（公里）	同比增长率（%）	城市	运营线路长度（公里）	同比增长率（%）
北京	81	47.3	济南	74	–1.4
大连	14	—	枣庄	193	62.7
常州	224	—	郑州	208	1.0
连云港	34	—	常德	21	—
盐城	181	465.6	广州	23	—
杭州	110	8.9	重庆	30	—
合肥	22	—	银川	21	—
厦门	92	—	乌鲁木齐	55	23.6

注：数据来源于《城市（县城）客运统计》。

3.3 运营车辆

截至2012年年底，全国公共汽电车车辆总数为47.5万辆（52.8万标台）。2012年我国公共汽电车运营车辆数东部地区共有30.1万标台，占全国总量的57.0%；中部地区共有13.4万标台，占全国总量的25.4%；西部地区共有9.3万标台，占全国总量的17.6%。2012年全国31个省（自治区、直辖市）拥有公共汽电车车辆数情况见表3-10。

2012年全国31个省（自治区、直辖市）公共汽电车运营车辆数情况　　表3-10

省份		公共汽电车运营车辆数（辆）	公共汽电车运营车辆数（标台）	省份		公共汽电车运营车辆数（辆）	公共汽电车运营车辆数（标台）
全国		474891	528236	中部地区	黑龙江	16170	16897
东部地区	北京	22146	32585		安徽	15128	16216
	天津	8405	9732		江西	9849	10899
	河北	20691	20565		河南	20904	21852
	辽宁	21678	25085		湖北	18210	20940
	上海	16695	20531		湖南	16516	17608
	江苏	32065	37445	西部地区	重庆	7982	8964
	浙江	25826	28517		四川	23626	27435
	福建	13350	14313		贵州	5682	5938
	山东	37309	40752		云南	12189	11951
	广东	52013	57997		西藏	508	575
	广西	9822	10381		陕西	12086	13616
	海南	2860	2993		甘肃	6572	6716
中部地区	山西	9664	10180		青海	3603	3451
	内蒙古	8336	8102		宁夏	3528	3726
	吉林	11364	11280		新疆	10114	10993

注：数据来源于《城市（县城）客运统计》。

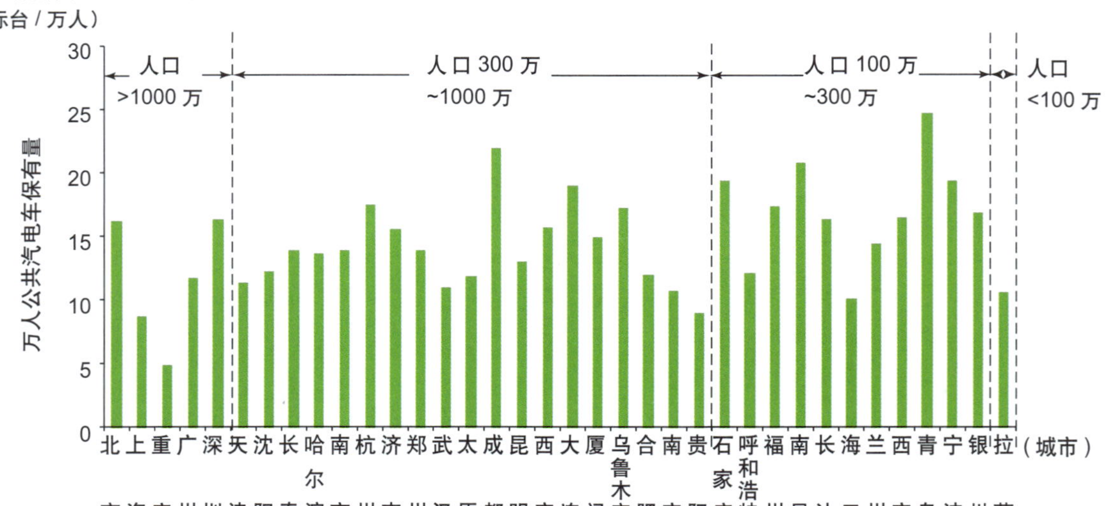

图3-13　2012年全国36个中心城市万人公共汽电车保有量情况

注：数据来源于《城市（县城）客运统计》。

截至2012年年底，全国万人公共汽电车保有量为7.2标台，全国36个中心城市万人公共汽电车保有量超过全国平均水平的有35个城市，排在前五位的城市是青岛、成都、南昌、宁波、石家庄，见图3-13和表3-11。

2012年全国36个中心城市万人公共汽电车保有量情况　　　　表3-11

市区人口（万人）	城市	运营车辆数（标台）	市区人口（万人）	保有量（标台/万人）	市区人口（万人）	城市	运营车辆数（标台）	市区人口（万人）	保有量（标台/万人）
>1000	北京	32585	2018.6	16.1	300~1000	大连	6169	325.94	18.9
	上海	20531	2347.46	8.7		厦门	4758	317.79	15.0
	重庆	8964	1833.25	4.9		乌鲁木齐	4988	290.62	17.2
	广州	15042	1284.74	11.7		合肥	3956	330.85	12.0
	深圳	17132	1046.74	16.4		南宁	3543	330.68	10.7
300~1000	天津	9732	852.52	11.4		贵阳	2892	324.28	8.9
	沈阳	7069	577.07	12.2	100~300	石家庄	5400	279.45	19.3
	长春	5081	364.8	13.9		呼和浩特	1954	161.26	12.1
	哈尔滨	6759	497.56	13.6		福州	4005	232.02	17.3
	南京	7657	551.55	13.9		南昌	4799	231.06	20.8
	杭州	9152	524.65	17.4		长沙	4878	299.65	16.3
	济南	5447	351.44	15.5		海口	1797	177.84	10.1
	郑州	7195	515.7	14.0		兰州	3165	219.33	14.4
	武汉	9823	897	11.0		西宁	2103	128.21	16.4
	太原	3462	290.75	11.9		青岛	6828	277.09	24.6
	成都	12497	570.09	21.9		宁波	4857	250.86	19.4
	昆明	5598	429.48	13.0		银川	1901	113.2	16.8
	西安	8914	568.77	15.7	<100	拉萨	448	42.1	10.6

注：数据来源于《城市（县城）客运统计》。

截至2012年年底，全国快速公交（BRT）运营车辆为3975辆，较2011年增长了710辆，增长率为21.7%。2012年全国快速公交（BRT）运营车辆数情况见表3-12。

2012年全国快速公交（BRT）运营车辆数情况　　　　表3-12

城市	运营车辆数（辆）	同比增长率（%）	城市	运营车辆数（辆）	同比增长率（%）
北京	367	33.5	济南	167	—
大连	64	—	枣庄	142	102.9
常州	368	—	郑州	460	22.0
连云港	138	—	常德	70	—
盐城	128	6.7	广州	989	—
杭州	160	—	重庆	27	–27.0
合肥	215	9.7	银川	80	—
厦门	238	40.0	乌鲁木齐	362	33.1

注：数据来源于《城市（县城）客运统计》。

① 车载设备

截至2012年年底，全国已安装车载卫星定位终端（GPS）的公共汽电车运营车辆为28.5万辆，占全部运营车辆的60.1%，见图3-14。GPS安装率❶排在前五位的省（直辖市）依次为重庆、上海、江苏、广东、浙江，见表3-13。2010~2012年全国31个省（自治区、直辖市）公共汽电车运营车辆GPS安装率情况见图3-15。

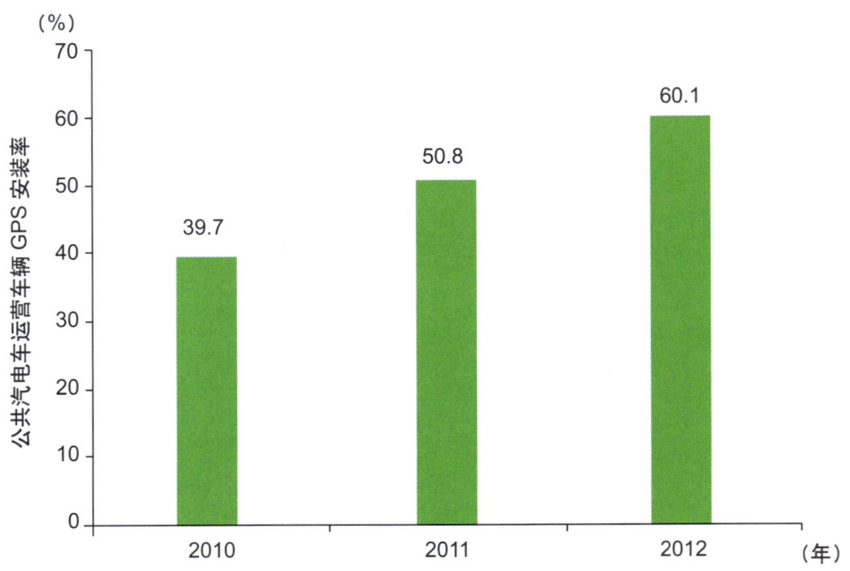

图3-14 2010～2012年全国公共汽电车运营车辆GPS安装率情况

注：数据来源于《城市（县城）客运统计》。

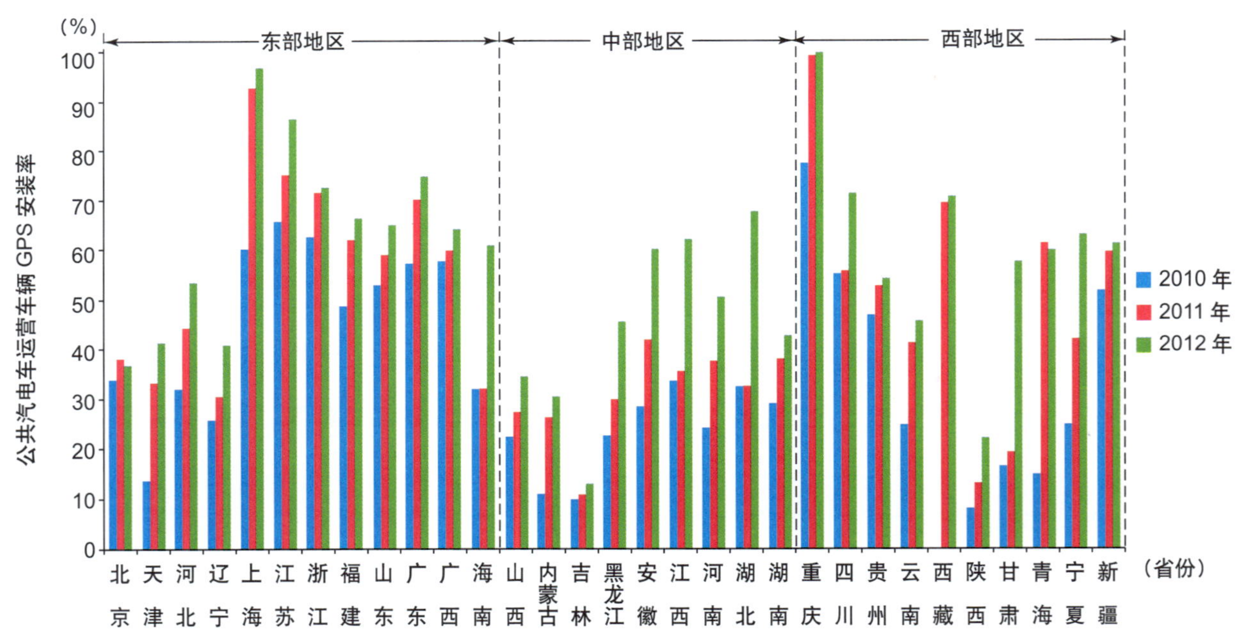

图3-15 2010～2012年全国31个省（自治区、直辖市）公共汽电车运营车辆GPS安装率情况

注：数据来源于《城市（县城）客运统计》。

❶ 安装GPS的公共汽电车运营车辆占全部运营车辆的比重。

2012 年全国 31 个省（自治区、直辖市）公共汽电车运营车辆 GPS 安装率情况　　表 3-13

东部地区	安装 GPS 的公共汽电车运营车辆数（辆）	GPS 安装率（%）	中部地区	安装 GPS 的公共汽电车运营车辆数（辆）	GPS 安装率（%）	西部地区	安装 GPS 的公共汽电车运营车辆数（辆）	GPS 安装率（%）
北京	8121	36.7	山西	3339	34.6	重庆	7967	99.8
天津	3471	41.3	内蒙古	2543	30.5	四川	16884	71.5
河北	11101	53.7	吉林	1487	13.1	贵州	3086	54.3
辽宁	8852	40.8	黑龙江	7384	45.7	云南	5584	45.8
上海	16167	96.8	安徽	9095	60.1	西藏	360	70.9
江苏	27791	86.7	江西	6122	62.2	陕西	2668	22.1
浙江	18724	72.5	河南	10587	50.6	甘肃	3783	57.6
福建	8880	66.5	湖北	12360	67.9	青海	2158	59.9
山东	24290	65.1	湖南	7064	42.8	宁夏	2228	63.2
广东	38938	74.9				新疆	6193	61.2
广西	6304	64.2						
海南	1745	61.0						

注：数据来源于《城市（县城）客运统计》。

截至 2012 年年底，全国安装空调的公共汽电车运营车辆为 22.3 万辆，占全部运营车辆数的 46.9%，排在前五位的省（直辖市）依次为上海、海南、广东、浙江、福建。2010~2012 年全国安装空调的公共汽电车运营车辆占全部运营车辆比重情况见图 3-16 和图 3-17，2012 年全国 31 个省（自治区、直辖市）安装空调的公共汽电车运营车辆占全部运营车辆比重情况见表 3-14。

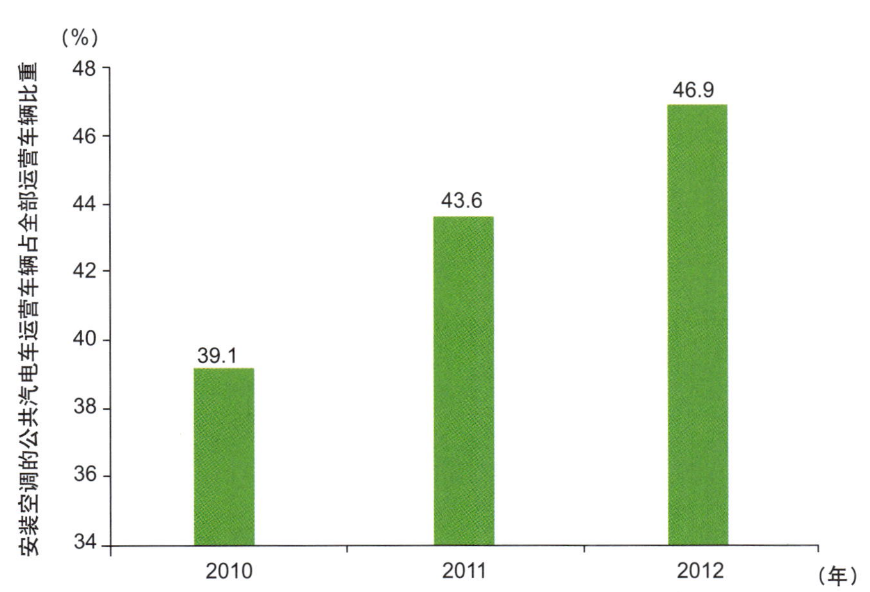

图 3-16　2010 ~ 2012 年全国安装空调的公共汽电车运营车辆占全部运营车辆比重情况

注：数据来源于《城市（县城）客运统计》。

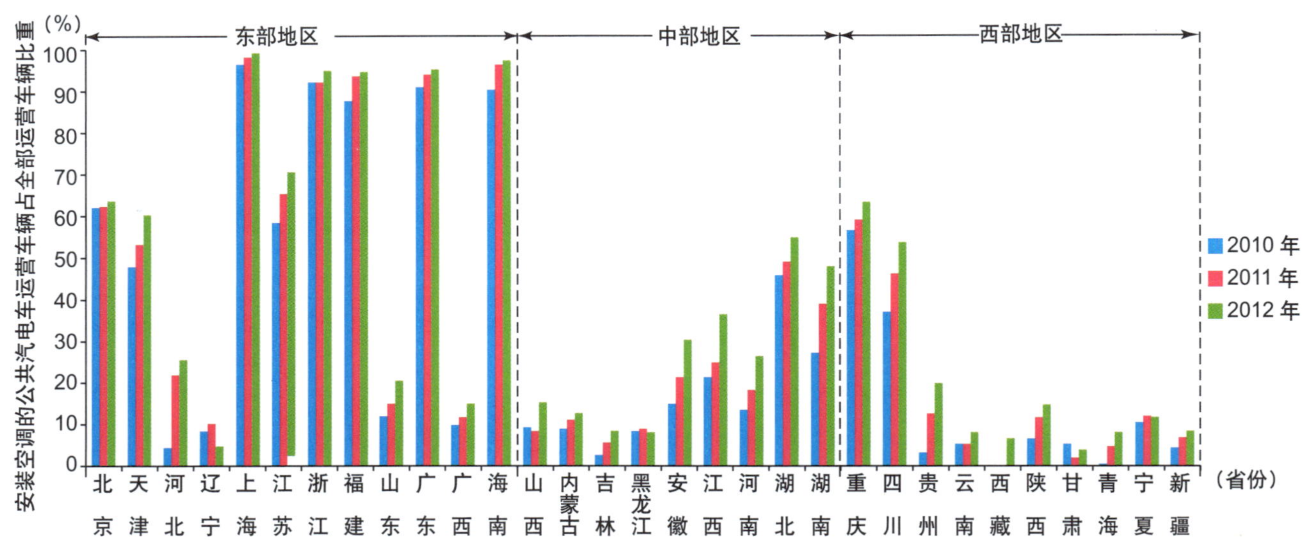

图 3-17　2010 ~ 2012 年全国 31 个省（自治区、直辖市）安装空调的公共汽电车运营车辆占全部运营车辆比重情况

注：数据来源于《城市（县城）客运统计》。

2012 年全国 31 个省（自治区、直辖市）安装空调的公共汽电车运营车辆占全部运营车辆比重情况

表 3-14

东部地区	安装空调的公共汽电车运营车辆数（辆）	安装空调的公共汽电车运营车辆占全部运营车辆的比重（%）	中部地区	安装空调的公共汽电车运营车辆数（辆）	安装空调的公共汽电车运营车辆占全部运营车辆的比重（%）	西部地区	安装空调的公共汽电车运营车辆数（辆）	安装空调的公共汽电车运营车辆占全部运营车辆的比重（%）
北京	14095	63.6	山西	1468	15.2	重庆	5066	63.5
天津	5056	60.2	内蒙古	1048	12.6	四川	12665	53.6
河北	5264	25.4	吉林	943	8.3	贵州	1120	19.7
辽宁	968	4.5	黑龙江	1055	6.5	云南	969	7.9
上海	16559	99.2	安徽	4595	30.4	西藏	32	6.3
江苏	22650	70.6	江西	3571	36.3	陕西	1759	14.6
浙江	24595	95.2	河南	5501	26.3	甘肃	238	3.6
福建	12674	94.9	湖北	10013	55.0	青海	285	7.9
山东	7607	20.4	湖南	7911	47.9	宁夏	409	11.6
广东	49601	95.4				新疆	836	8.3
广西	1464	14.9						
海南	2787	97.4						

注：数据来源于《城市（县城）客运统计》。

2012 年全国 36 个中心城市公共汽电车运营车辆的 GPS 安装率和空调车比重情况见图 3-18、图 3-19 和表 3-15，从中可以看出中心城市公共汽电车运营车辆 GPS 安装率和空调车的比例大部分高于全国平均水平。

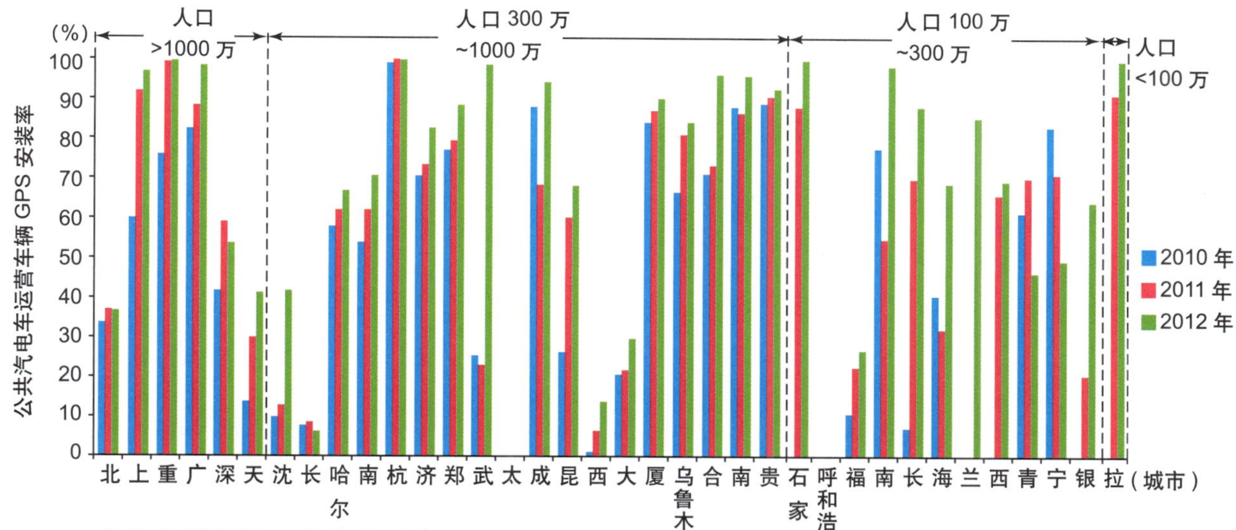

图3-18　2010～2012年全国36个中心城市公共汽电车运营车辆GPS安装率情况

注：数据来源于《城市（县城）客运统计》。

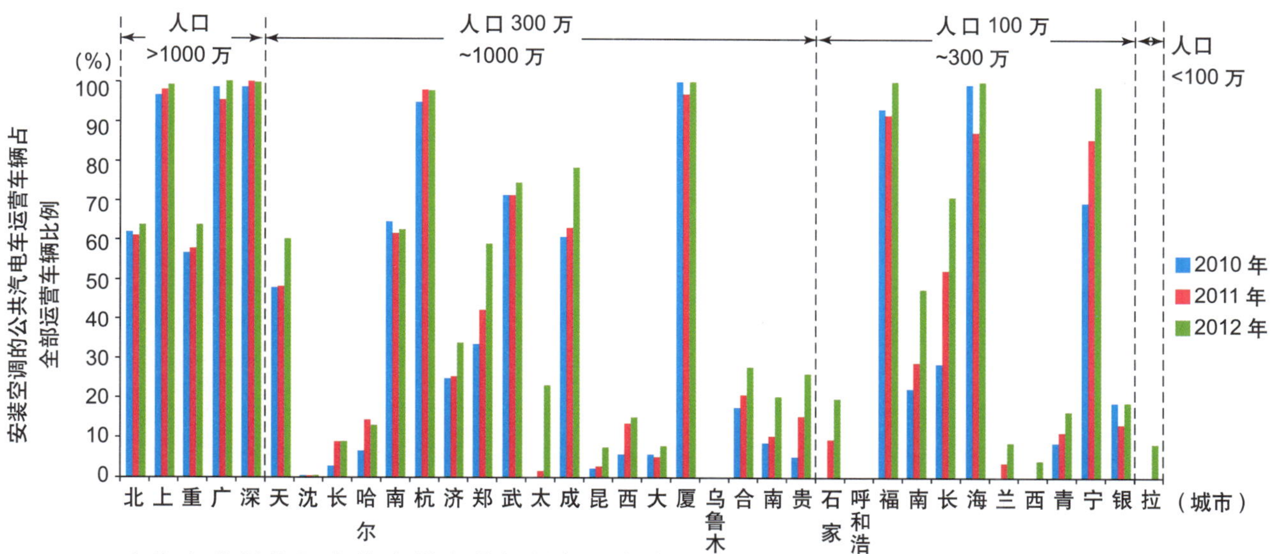

图3-19　2010～2012年全国36个中心城市安装空调的公共汽电车运营车辆占全部运营车辆比重情况

注：数据来源于《城市（县城）客运统计》。

2012年全国36个中心城市公共汽电车运营车辆的GPS安装率和空调车比重情况　　表3-15

市区人口（万人）	城市	公共汽电车运营车辆数（辆）	公共汽电车运营车辆数（标台）	安装GPS的运营车辆数（辆）	GPS安装率（%）	空调车数量（辆）	空调车比重（%）
>1000	北京	22146	32585	8121	36.7	14095	63.6
	上海	16695	20531	16167	96.8	16559	99.2
	重庆	7982	8964	7967	99.8	5066	63.5
	广州	12291	15042	12116	98.6	12291	100
	深圳	14546	17132	7816	53.7	14501	99.7
300～1000	天津	8405	9732	3471	41.3	5056	60.2
	沈阳	5470	7069	2285	41.8	30	0.5

续上表

市区人口（万人）	城市	公共汽电车运营车辆数（辆）	公共汽电车运营车辆数（标台）	安装 GPS 的运营车辆数（辆）	GPS 安装率（%）	空调车数量（辆）	空调车比重（%）
300～1000	长春	4575	5081	273	6.0	404	8.8
	哈尔滨	5433	6759	3634	66.9	706	13.0
	南京	6239	7657	4396	70.5	3892	62.4
	杭州	7450	9152	7444	99.9	7290	97.9
	济南	4518	5447	3737	82.7	1524	33.7
	郑州	5548	7195	4911	88.5	3266	58.9
	武汉	7375	9823	7285	98.8	5505	74.6
	太原	2782	3462	—	—	643	23.1
	成都	9890	12497	9343	94.5	7759	78.5
	昆明	4906	5598	3345	68.2	362	7.4
	西安	7685	8914	1048	13.6	1159	15.1
	大连	4972	6169	1471	29.6	387	7.8
	厦门	3893	4758	3521	90.4	3893	100
	乌鲁木齐	3914	4988	3300	84.3	—	—
	合肥	3271	3956	3147	96.2	906	27.7
	南宁	2767	3543	2655	96.0	556	20.1
	贵阳	2553	2892	2369	92.8	663	26.0
100～300	石家庄	4197	5400	4197	100	827	19.7
	呼和浩特	1564	1954	—	—	—	—
	福州	3408	4005	911	26.7	3408	100
	南昌	3864	4799	3808	98.6	1835	47.5
	长沙	3775	4878	3323	88.0	2676	70.9
	海口	1605	1797	1102	68.7	1605	100
	兰州	2634	3165	2248	85.3	228	8.7
	西宁	1867	2103	1294	69.3	82	4.4
	青岛	5397	6828	2500	46.3	893	16.5
	宁波	4046	4857	1993	49.3	4002	98.9
	银川	1615	1901	1039	64.3	304	18.8
<100	拉萨	355	448	355	100	30	8.5

注：数据来源于《城市（县城）客运统计》。

2 燃料类型

按燃料类型划分，目前全国公共汽电车运营车辆主要有汽油车、乙醇汽油车、柴油车、液化石油气（LPG）车、压缩天然气（CNG）车和双燃料车。2012 年全国公共汽电车运营车辆按燃料类型划分情况见图 3-20。

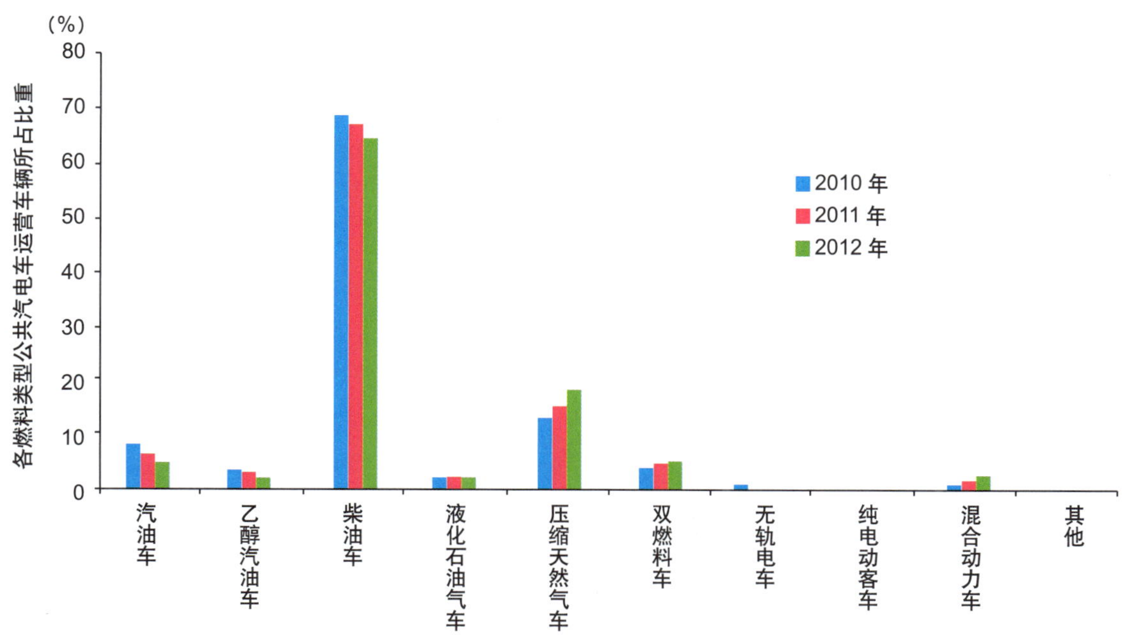

图 3-20　2010 ~ 2012 年全国公共汽电车运营车辆按燃料类型划分情况

注：数据来源于《城市（县城）客运统计》。

截至 2012 年年底，全国公共汽电车运营车辆中有汽油车 23778 辆，乙醇汽油车 9735 辆，柴油车 306465 辆，液化石油气车 8884 辆，压缩天然气车 86379 辆，双燃料车 24528 辆，其中柴油车所占比重最大，为车辆总数的 64.5%，见表 3-16 和图 3-21。

2012 年全国公共汽电车运营车辆按燃料类型划分情况　　表 3-16

燃料类型 / 数量与比重	汽油车	乙醇汽油车	柴油车	液化石油气车	压缩天然气车	双燃料车	无轨电车	纯电动客车	混合动力车
车辆数（辆）	23778	9735	306465	8884	86379	24528	1696	1722	11704
占总量比重（%）	5.0	2.0	64.5	1.9	18.2	5.1	0.4	0.4	2.5

注：数据来源于《城市（县城）客运统计》。

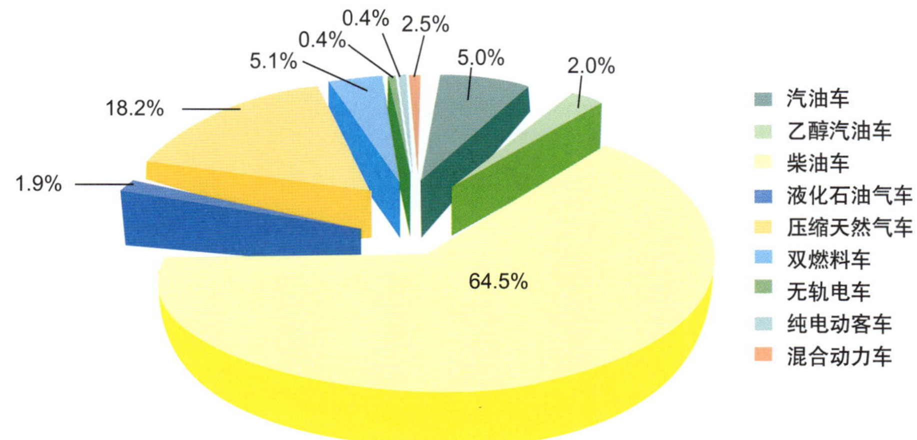

图 3-21　2012 年全国公共汽电车运营车辆按燃料类型划分情况

注：数据来源于《城市（县城）客运统计》。

全国新能源公共汽电车运营车辆快速增长，对推进城市客运节能减排起到了重要作用。截至2012年年底，全国公共汽电车运营车辆中新能源车辆❶总数为13426辆，同比增长71.4%，占公共汽电车运营车辆总数的2.8%。其中纯电动车1722辆，混合动力车11704辆，分别占新能源车的12.8%和87.2%。新能源车辆数量排在前五的省份依次为广东、湖南、浙江、河南、山东。2012年全国31个省（自治区、直辖市）新能源公共汽电车运营车辆数情况见图3-22和表3-17。

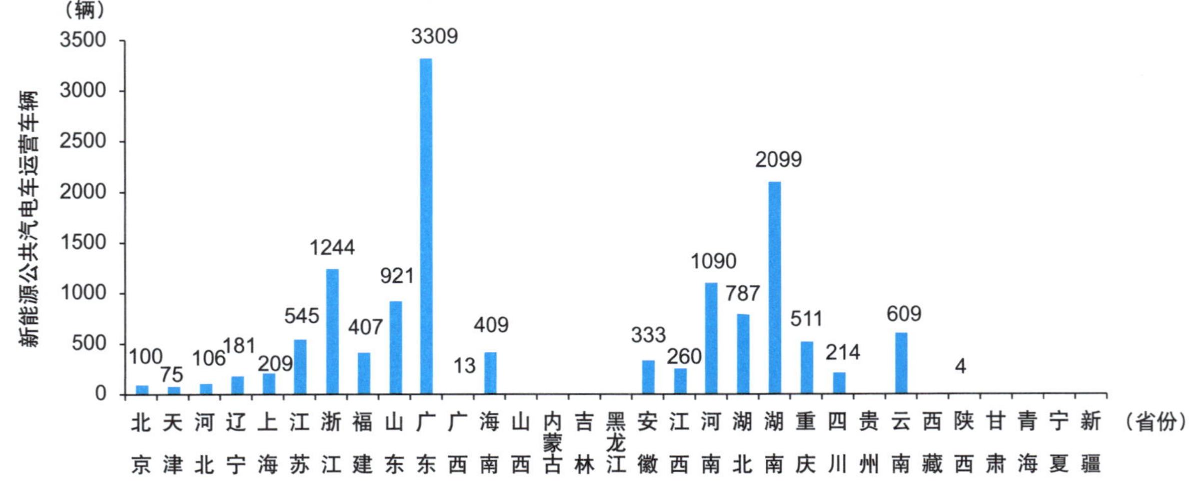

图3-22 2012年全国31个省（自治区、直辖市）新能源公共汽电车运营车辆数情况

注：数据来源于《城市（县城）客运统计》。

2012年全国31个省（自治区、直辖市）新能源公共汽电车运营车辆数情况 **表3-17**

东部地区	新能源公共汽电车运营车辆数（辆）	中部地区	新能源公共汽电车运营车辆数（辆）	西部地区	新能源公共汽电车运营车辆数（辆）
北京	100	山西	—	重庆	511
天津	75	内蒙古	—	四川	214
河北	106	吉林	—	贵州	—
辽宁	181	黑龙江	—	云南	609
上海	209	安徽	333	西藏	—
江苏	545	江西	260	陕西	4
浙江	1244	河南	1090	甘肃	—
福建	407	湖北	787	青海	—
山东	921	湖南	2099	宁夏	—
广东	3309			新疆	—
广西	13				
海南	409				

注：数据来源于《城市（县城）客运统计》。

❶ 新能源汽车包括混合动力车、纯电动车（BEV，包括太阳能汽车）、燃料电池电动汽车（FCEV）、氢发动机汽车、其他新能源（如高效储能器、二甲醚）汽车等。

全国 36 个中心城市中深圳市新能源公共汽电车运营车辆最多，为 2075 辆。截至 2012 年年底，全国 36 个中心城市的新能源公共汽电车运营车辆数情况见图 3-23，按燃料类型划分情况见表 3-18。

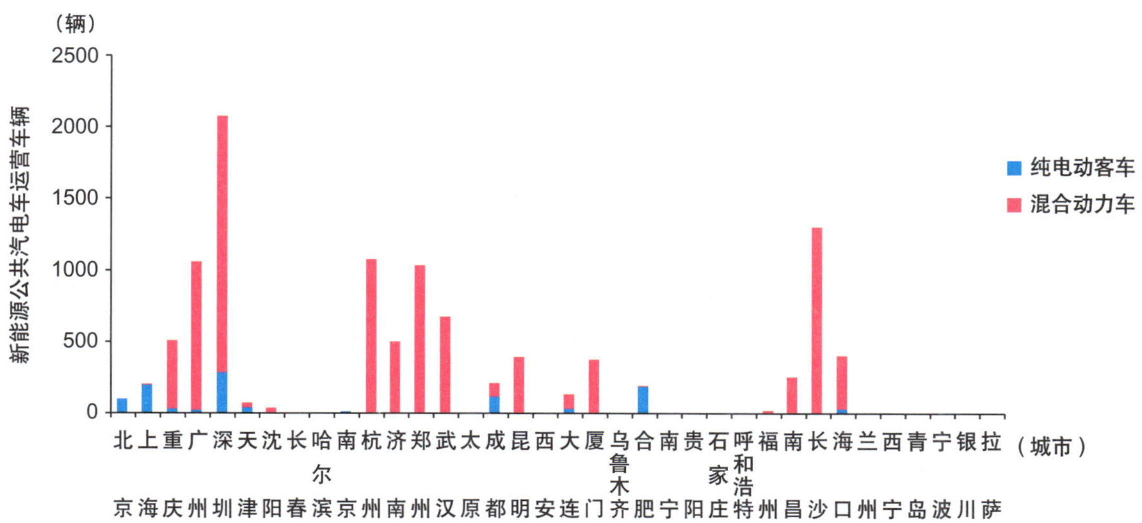

图 3-23 2012 年全国 36 个中心城市新能源公共汽电车运营车辆数情况

注：数据来源于《城市（县城）客运统计》。

2012 年全国 36 个中心城市公共汽电车运营车辆按燃料类型划分情况　　表 3-18

市区人口（万人）	地区	公共汽电车运营车辆数（辆）									
		合计	汽油车	乙醇汽油车	柴油车	液化石油气车	压缩天然气车	双燃料车	无轨电车	纯电动客车	混合动力车
>1000	北京	22146	—	—	18242	—	3244	—	560	100	—
	上海	16695	—	—	16186	—	140	—	160	199	10
	重庆	7982	—	—	70	—	7401	—	—	31	480
	广州	12291	40	—	3051	7590	276	—	274	26	1034
	深圳	14546	—	—	11886	—	585	—	—	286	1789
300~1000	天津	8405	37	—	7714	—	559	20	—	40	35
	沈阳	5470	—	151	4401	—	530	343	—	—	45
	长春	4575	—	397	2027	—	—	2151	—	—	—
	哈尔滨	5433	—	942	1587	517	2387	—	—	—	—
	南京	6239	1107	—	3910	—	1055	147	—	20	—
	杭州	7450	202	—	5778	—	333	—	51	8	1078
	济南	4518	—	10	2732	—	1130	—	140	6	500
	郑州	5548	—	—	2972	—	—	1506	35	10	1025
	武汉	7375	97	—	4562	327	1502	—	207	—	680

续上表

市区人口（万人）	地区	公共汽电车运营车辆数（辆）									
		合计	汽油车	乙醇汽油车	柴油车	液化石油气车	压缩天然气车	双燃料车	无轨电车	纯电动客车	混合动力车
300~1000	太原	2782	528	—	337	—	617	1167	133	—	—
	成都	9890	—	—	185	100	8564	827	—	124	90
	昆明	4906	1663	—	2767	—	76	—	—	4	396
	西安	7685	—	—	258	—	3768	3655	—	4	—
	大连	4972	—	119	4406	—	250	—	61	36	100
	厦门	3893	6	—	3085	—	416	—	—	—	386
	乌鲁木齐	3914	—	—	275	—	3639	—	—	—	—
	合肥	3271	—	33	2235	—	809	—	—	192	2
	南宁	2767	144	—	2615	—	—	—	—	8	—
	贵阳	2553	436	—	288	—	1814	15	—	—	—
100~300	石家庄	4197	2	—	1318	—	2877	—	—	—	—
	呼和浩特	1564	—	—	—	—	—	1564	—	—	—
	福州	3408	155	—	2502	—	730	—	—	—	21
	南昌	3864	52	—	3555	—	—	—	—	—	257
	长沙	3775	30	—	1856	—	577	—	—	—	1312
	海口	1605	—	—	506	—	690	—	—	30	379
	兰州	2634	—	—	16	—	2618	—	—	—	—
	西宁	1867	—	—	—	—	1785	82	—	—	—
	青岛	5397	303	—	3445	—	1649	—	—	—	—
	宁波	4046	1	—	3185	—	860	—	—	—	—
	银川	1615	—	—	—	—	1615	—	—	—	—
<100	拉萨	355	30	—	325	—	—	—	—	—	—

注：数据来源于《城市（县城）客运统计》。

3.4　经营主体

截至2012年年底，全国共有公共汽电车经营企业3312户，较2011年减少了0.4%，其中国有及国有控股企业为1131户，私营企业为1763户，较2011年减少了6.4%。2010~2012年全国公共汽电车经营主体情况见图3-24。

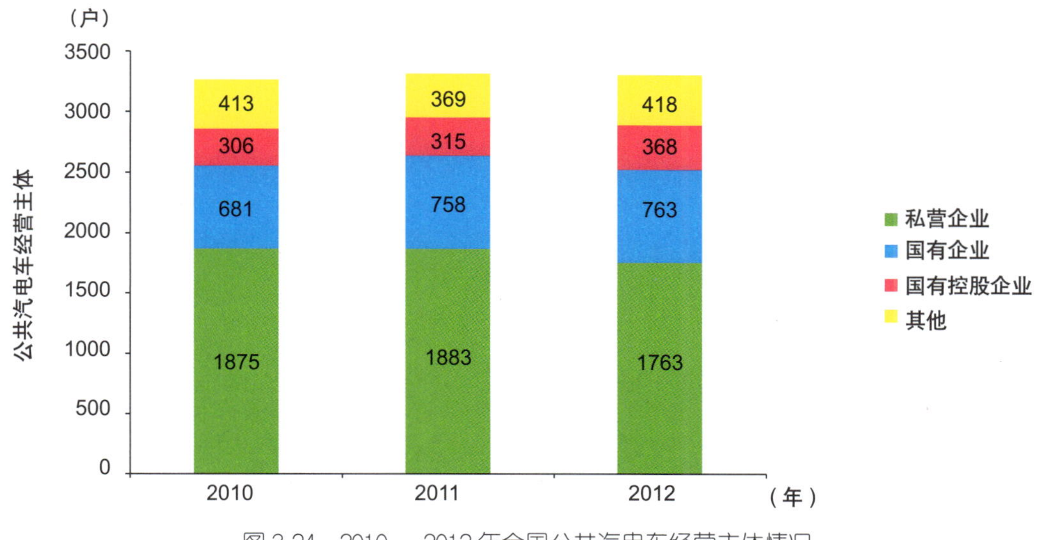

图3-24　2010～2012年全国公共汽电车经营主体情况

注：数据来源于《城市（县城）客运统计》。

截至2012年年底，全国公共汽电车从业人员共有125.6万人，较2011年增加了2.4%，见图3-25。每户公共汽电车经营企业平均拥有员工379人，比上一年增长2.7%。企业人员规模前五位的省（直辖市）依次为广东、北京、山东、江苏、浙江，见表3-19。

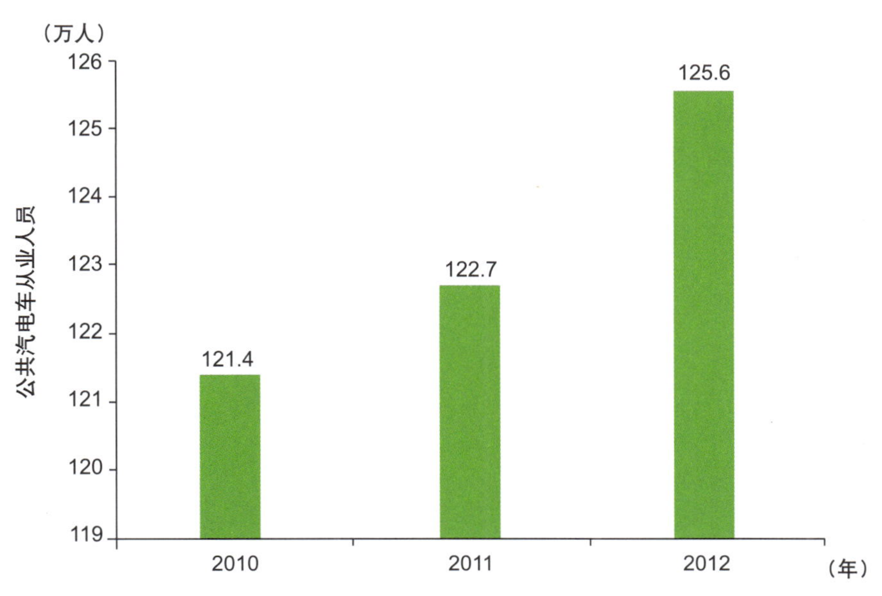

图3-25　2010～2012年全国公共汽电车从业人员情况

注：数据来源于《城市（县城）客运统计》。

2012 年全国 31 个省（自治区、直辖市）公共汽电车经营企业和从业人员情况　　表 3-19

地区		经营企业户数 合计	国有企业（户）	国有控股企业（户）	私营企业（户）	其他企业（户）	从业人员（人）	地区		经营企业户数 合计	国有企业（户）	国有控股企业（户）	私营企业（户）	其他企业（户）	从业人员（人）
全国		3312	763	368	1763	418	1256341	中部地区	黑龙江	153	23	2	120	8	39395
东部地区	北京	2	1	1	—	—	85746		安徽	107	27	18	55	7	35771
	天津	12	11	—	1	—	17120		江西	107	19	15	70	3	20191
	河北	151	30	11	98	12	47099		河南	108	37	8	58	5	53714
	辽宁	108	35	26	42	5	59182		湖北	88	43	4	36	5	53197
	上海	34	—	23	—	11	62411		湖南	154	53	15	85	1	47104
	江苏	103	43	31	27	2	76738	西部地区	重庆	7	6	1	—	—	29778
	浙江	124	53	22	42	7	62815		四川	218	40	31	109	38	57112
	福建	83	38	24	20	1	30781		贵州	256	17	6	57	176	18422
	山东	192	76	23	85	8	82346		云南	142	33	19	90	—	25622
	广东	197	40	26	120	11	145710		西藏	9	5	—	3	1	1566
	广西	118	17	3	82	16	20761		陕西	109	20	12	75	2	36660
	海南	47	11	4	31	1	7921		甘肃	70	8	4	55	3	18855
中部地区	山西	112	9	7	90	6	28515		青海	36	10	6	18	2	9159
	内蒙古	212	8	3	129	72	21734		宁夏	40	4	1	35	—	9976
	吉林	100	13	7	72	8	26571		新疆	113	33	15	58	7	24369

注：数据来源于《城市（县城）客运统计》。

截至 2012 年年底，全国公共汽电车单位车辆配备的从业人数，即运营车辆人车比平均值为 2.6 人 / 辆，位于前五位的省（自治区、直辖市）依次是北京、上海、重庆、贵州、西藏，见图 3-26 和表 3-20。

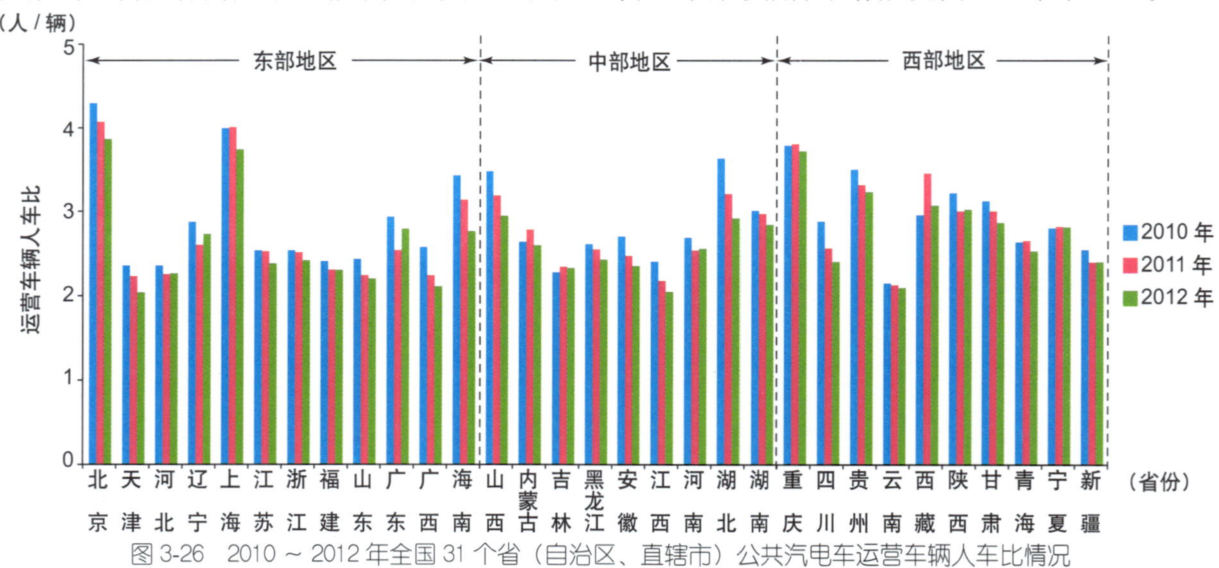

图 3-26　2010 ~ 2012 年全国 31 个省（自治区、直辖市）公共汽电车运营车辆人车比情况

注：数据来源于《城市（县城）客运统计》。

2012 年全国 31 个省（自治区、直辖市）公共汽电车运营车辆人车比情况　　表 3-20

东部地区	人车比（人 / 辆）	中部地区	人车比（人 / 辆）	西部地区	人车比（人 / 辆）
北京	3.9	山西	3.0	重庆	3.7
天津	2.0	内蒙古	2.6	四川	2.4
河北	2.3	吉林	2.3	贵州	3.2
辽宁	2.7	黑龙江	2.4	云南	2.1
上海	3.7	安徽	2.4	西藏	3.1
江苏	2.4	江西	2.1	陕西	3.0
浙江	2.4	河南	2.6	甘肃	2.9
福建	2.3	湖北	2.9	青海	2.5
山东	2.2	湖南	2.9	宁夏	2.8
广东	2.8			新疆	2.4
广西	2.1				
海南	2.8				

注：数据来源于《城市（县城）客运统计》。

2012 年全国 36 个中心城市中，公共汽电车运营车辆人车比低于全国平均水平（2.6 人 / 辆）的有 14 个城市，其中南昌、成都最低，分别为 1.7 人 / 辆、1.8 人 / 辆，其次为南宁，为 1.9 人 / 辆，见图 3-27 和表 3-21。

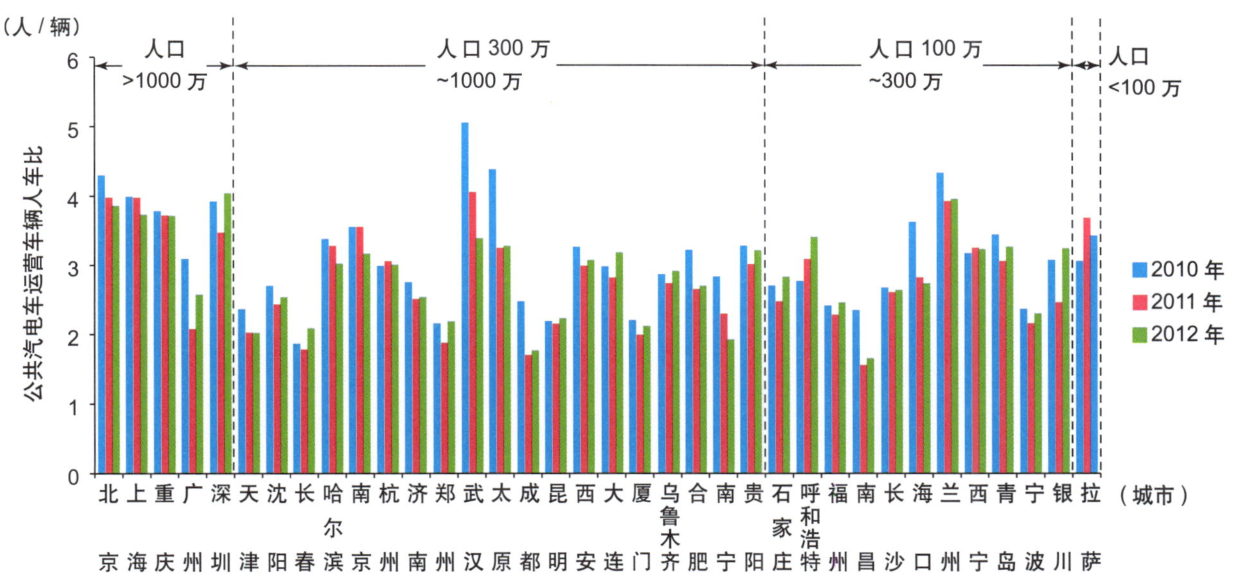

图 3-27　2010 ~ 2012 年全国 36 个中心城市公共汽电车运营车辆人车比情况

注：数据来源于《城市（县城）客运统计》。

2012年全国36个中心城市公共汽电车运营车辆人车比情况 **表3-21**

人口规模（万人）	城市	从业人员（人）	人车比（人/辆）	人口规模（万人）	城市	从业人员（人）	人车比（人/辆）
>1000	北京	85746	3.9	300~1000	大连	15899	3.2
	上海	62411	3.7		厦门	8247	2.1
	重庆	29778	3.7		乌鲁木齐	11402	2.9
	广州	31596	2.6		合肥	8860	2.7
	深圳	58804	4.0		南宁	5361	1.9
300~1000	天津	17120	2.0		贵阳	8246	3.2
	沈阳	13919	2.5	100~300	石家庄	11882	2.8
	长春	9556	2.1		呼和浩特	5339	3.4
	哈尔滨	16474	3.0		福州	8380	2.5
	南京	19846	3.2		南昌	6417	1.7
	杭州	22482	3.0		长沙	9973	2.6
	济南	11483	2.5		海口	4395	2.7
	郑州	12143	2.2		兰州	10448	4.0
	武汉	25088	3.4		西宁	6051	3.2
	太原	9148	3.3		青岛	17690	3.3
	成都	17452	1.8		宁波	9335	2.3
	昆明	10954	2.2		银川	5257	3.3
	西安	23630	3.1	<100	拉萨	1219	3.4

注：数据来源于《城市（县城）客运统计》。

3.5 运营指标

① 运营里程

2012年，全国公共汽电车运营里程共计346.8亿公里，较2011年增长了4.5%，公共汽电车年运营里程排名前五位的省份依次为广东、山东、江苏、河北、浙江，见图3-28。2012年全国公共汽电车车均运营里程为7.3万公里，有11个省（自治区、直辖市）的车均运营里程超过全国平均值，从高到低依次为海南、广东、湖南、山西、内蒙古、江西、河北、湖北、重庆、黑龙江、江苏。2010～2012年全国公共汽电车车均运营里程情况见图3-29，2010～2012年全国36个中心城市公共汽电车车均运营里程情况见图3-30。

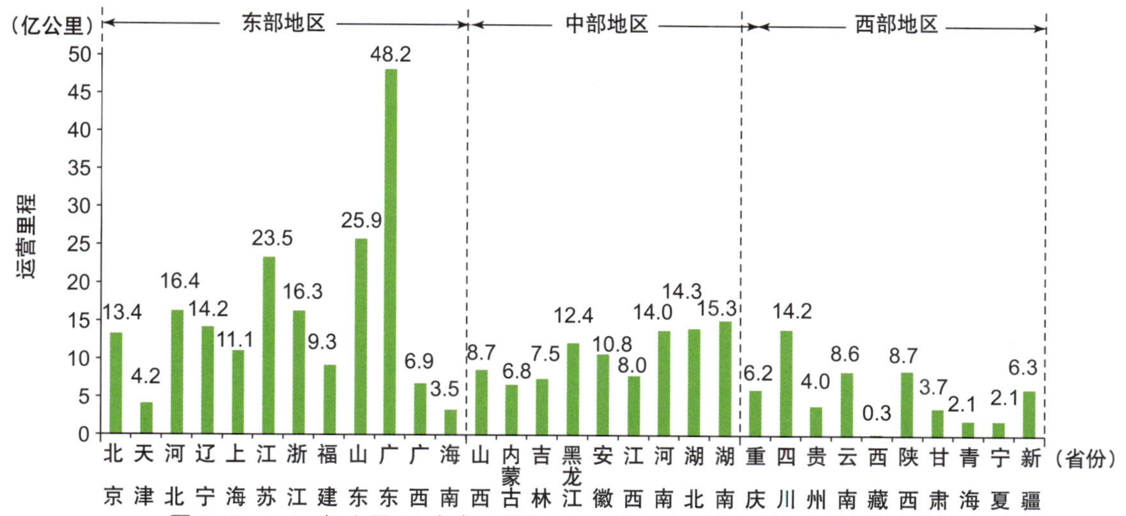

图 3-28　2012 年全国 31 个省（自治区、直辖市）公共汽电车运营里程情况

注：数据来源于《城市（县城）客运统计》。

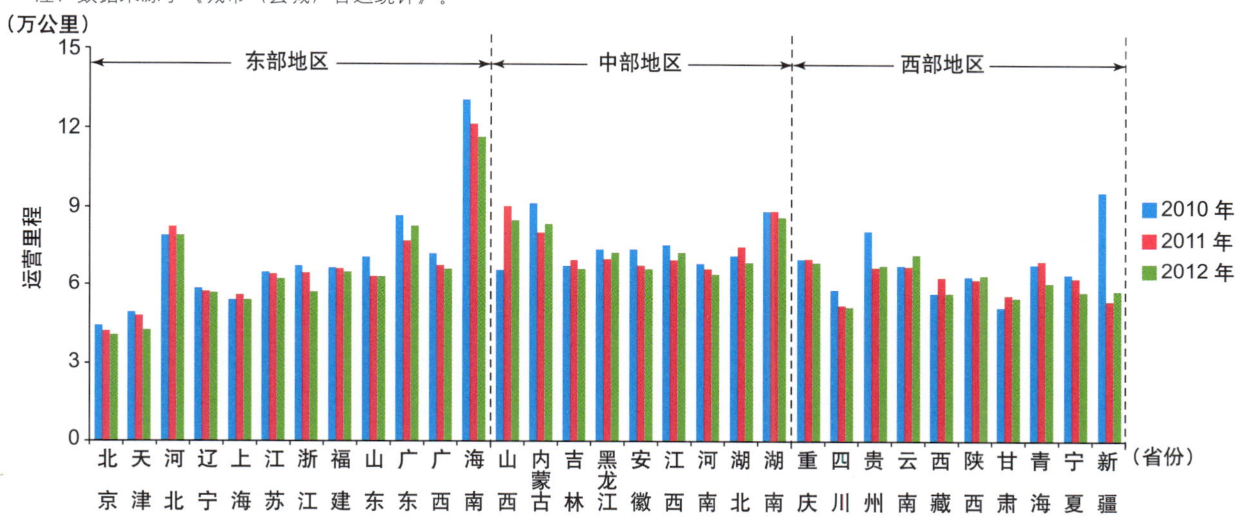

图 3-29　2010 ~ 2012 年全国 31 个省（自治区、直辖市）公共汽电车车均运营里程情况

注：数据来源于《城市（县城）客运统计》。

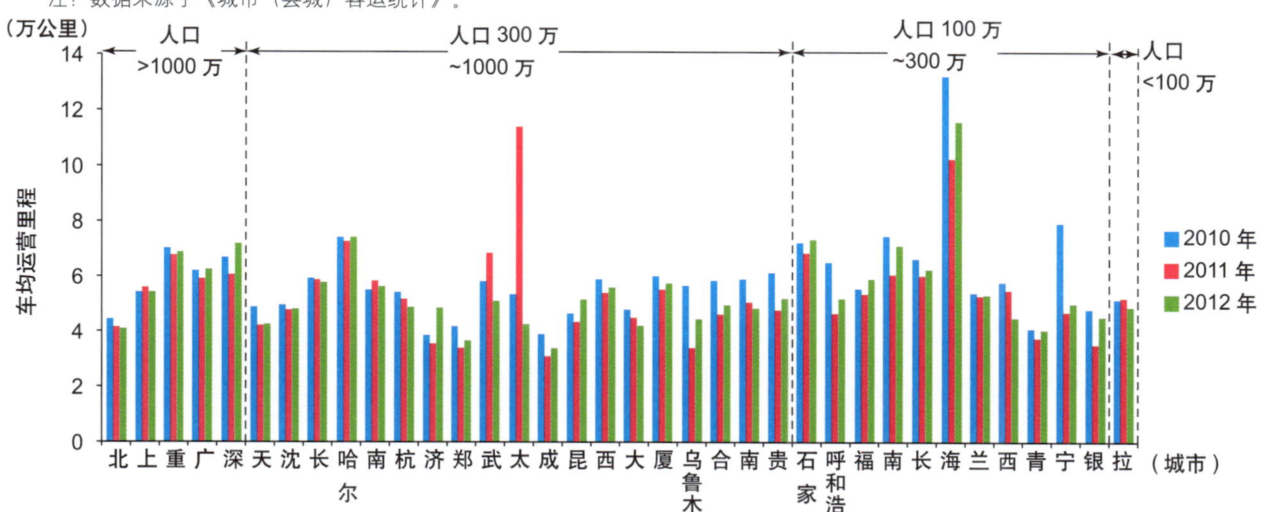

图 3-30　2010 ~ 2012 年全国 36 个中心城市公共汽电车车均运营里程情况

注：数据来源于《城市（县城）客运统计》。

② 客运量

2012年，全国公共汽电车共完成客运量749.8亿人次，比2011年增长了4.7%，占城市客运总量的61.1%。公共汽电车客运量排在前五位的省（直辖市）依次为：广东、北京、江苏、辽宁、山东，见图3-31。

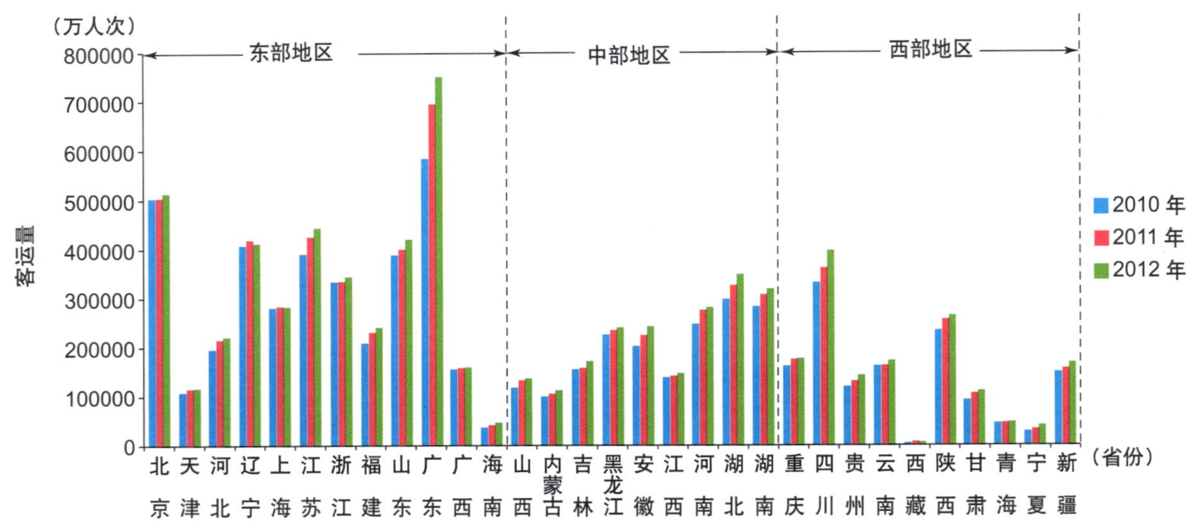

图3-31 2010～2012年全国31个省（自治区、直辖市）公共汽电车客运量情况

注：数据来源于《城市（县城）客运统计》。

2012年全国36个中心城市的公共汽电车客运量情况见表3-22，北京市位居全国第一，51.5亿人次；其次为上海市，28.0亿人次；第三为广州市，26.2亿人次；最少的为拉萨市，0.7亿人次。

2012年全国36个中心城市公共汽电车客运量情况 **表3-22**

市区人口（万人）	城市	客运量（亿人次）	市区人口（万人）	城市	客运量（亿人次）
>1000	北京	51.5416	300~1000	大连	10.6627
	上海	28.036		厦门	8.7536
	重庆	17.6968		乌鲁木齐	8.5871
	广州	26.2742		合肥	6.6164
	深圳	22.8305		南宁	5.8339
300~1000	天津	11.8721		贵阳	6.5596
	沈阳	11.3117	100~300	石家庄	6.3975
	长春	7.5759		呼和浩特	3.687
	哈尔滨	11.6164		福州	6.6637
	南京	10.5263		南昌	6.0539
	杭州	13.19		长沙	7.6606
	济南	8.5312		海口	2.8747
	郑州	9.8474		兰州	7.072
	武汉	15.8478		西宁	3.8392
	太原	5.7926		青岛	9.5103
	成都	15.8006		宁波	4.5174
	昆明	8.5293		银川	2.6233
	西安	17.4575	<100	拉萨	0.6772

注：数据来源于《城市（县城）客运统计》。

2012 年全国 36 个中心城市中，青岛市人均乘坐公共汽电车次数最多，年人均乘坐公共汽电车 343 次，平均每人每天乘坐公共汽电车 0.94 次，见图 3-32。

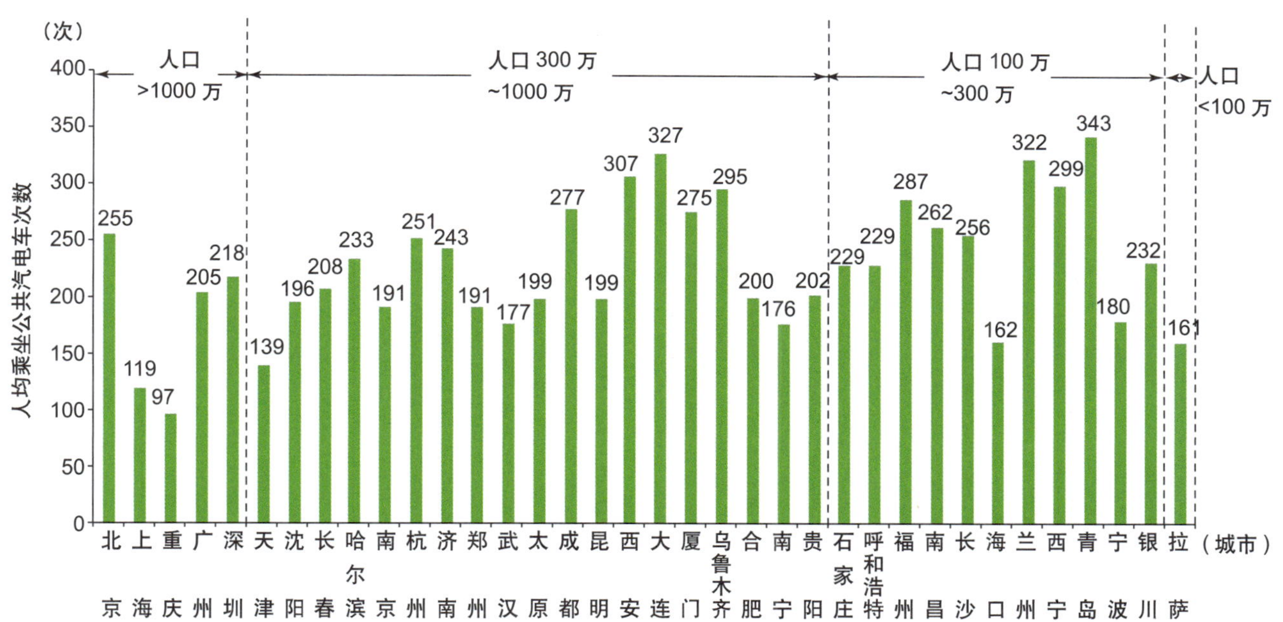

图 3-32 2012 年全国 36 个中心城市人均乘坐公共汽电车次数情况

注：数据来源于《城市（县城）客运统计》。

③ 公共交通一卡通

随着公共交通信息化的发展，公共交通一卡通加快普及。截至 2012 年年底，公共交通一卡通售卡量为 3.1 亿张，比 2011 年增长 62.6%。公共交通一卡通刷卡量占公共汽电车客运量的 39.9%，其中东部为 47.8%，中部地区为 30.2%，西部地区为 32.3%。全国 31 个省（自治区、直辖市）中，公共交通一卡通刷卡量排在前五位的省（直辖市）的依次是北京、上海、青海、广东、重庆。2012 年全国东、中、西部不同地区公共汽电车客运量和公共交通一卡通刷卡量所占比重情况见表 3-23、图 3-33 和表 3-24。

2012 年全国东、中、西部地区公共交通一卡通刷卡量占公共汽电车客运量的比重情况 表 3-23

	客运量（亿人次）	公共交通一卡通刷卡量（亿人次）	公共交通一卡通刷卡量占公共汽电车客运量的比重（%）
东部地区	396.1	189.2	47.8
中部地区	200.5	60.5	30.2
西部地区	153.2	49.5	32.3

注：数据来源于《城市（县城）客运统计》。

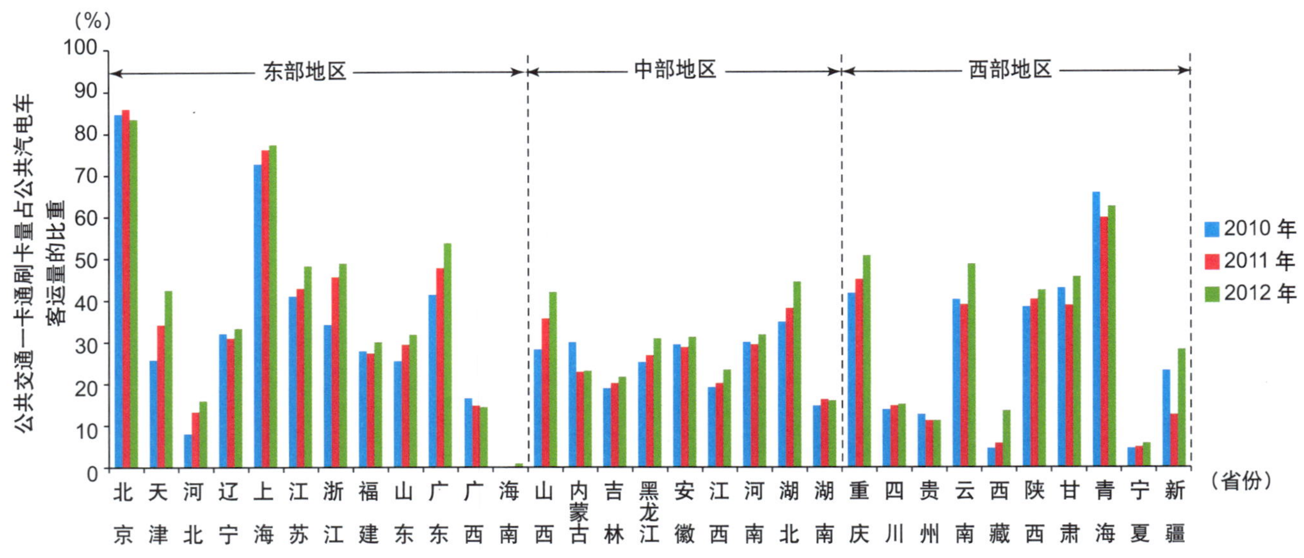

图 3-33 2010 ~ 2012 年全国 31 个省（自治区、直辖市）公共交通一卡通刷卡量占公共汽电车客运量的比重情况

注：数据来源于《城市（县城）客运统计》。

2012 年全国公共交通一卡通刷卡量占公共汽电车客运量的比重情况 **表 3-24**

东部地区	公共交通一卡通刷卡量占公共汽电车客运量的比重(%)	中部地区	公共交通一卡通刷卡量占公共汽电车客运量的比重(%)	西部地区	公共交通一卡通刷卡量占公共汽电车客运量的比重(%)
北京	83.5	山西	42.1	重庆	50.7
天津	42.8	内蒙古	23.3	四川	15.1
河北	16.0	吉林	21.8	贵州	11.4
辽宁	33.4	黑龙江	31.1	云南	48.8
上海	77.5	安徽	31.4	西藏	13.6
江苏	48.3	江西	23.5	陕西	42.5
浙江	49.1	河南	32.1	甘肃	45.7
福建	30.3	湖北	44.6	青海	62.4
山东	31.9	湖南	16.2	宁夏	6.0
广东	53.9			新疆	28.4
广西	14.6				
海南	1.0				

注：数据来源于《城市（县城）客运统计》。

2012 年全国 36 个中心城市中有 23 个城市的公共交通一卡通刷卡量占公共汽电车客运量比重超过全国平均水平，排在前五位的城市依次是北京、上海、太原、宁波、武汉，见图 3-34 和表 3-25。

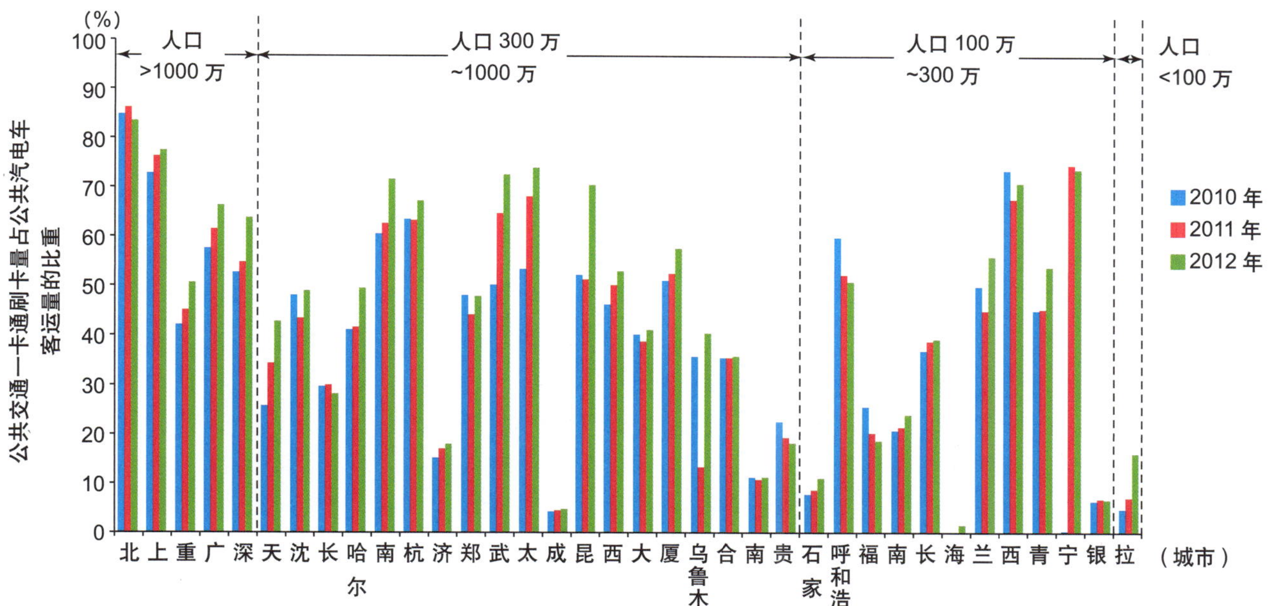

图 3-34　2010 ~ 2012 年全国 36 个中心城市公共交通一卡通刷卡量占公共汽电车客运量的比重情况

注：数据来源于《城市（县城）客运统计》。

2012 年全国 36 个中心城市公共交通一卡通刷卡量占公共汽电车客运量的比重情况　　表 3-25

市区人口（万人）	城市	公共交通一卡通刷卡量占公共汽电车客运量的比重（%）	市区人口（万人）	城市	公共交通一卡通刷卡量占公共汽电车客运量的比重（%）
>1000	北京	83.5	300~1000	大连	41.1
	上海	77.5		厦门	57.5
	重庆	50.7		乌鲁木齐	40.5
	广州	66.4		合肥	35.7
	深圳	63.8		南宁	11.2
300 ~ 1000	天津	42.8		贵阳	18.2
	沈阳	49.1	100 ~ 300	石家庄	11.1
	长春	28.1		呼和浩特	50.8
	哈尔滨	49.4		福州	18.7
	南京	71.7		南昌	24.1
	杭州	67.2		长沙	39.3
	济南	18.1		海口	1.6
	郑州	47.9		兰州	55.8
	武汉	72.6		西宁	70.9
	太原	73.9		青岛	53.9
	成都	4.8		宁波	73.7
	昆明	70.4		银川	6.6
	西安	52.9	<100	拉萨	16.2

注：数据来源于《城市（县城）客运统计》。

3.6 行业管理

2012年，各级政府进一步强化了对城市公共汽电车经营许可、服务质量、安全运营等方面的管理，城市公共汽电车管理水平不断提高。

1 线路运营管理

各地积极探索公共汽电车特许经营制度和服务质量招投标制度，加快推进经营主体结构调整，提升了公共汽电车运营管理的制度化、规范化程度。

2012年9月，《贵阳市市政公用事业特许经营招标投标监督管理制度》发布，要求包括城市公共交通在内的公共事业实施特许经营招投标，并且进入贵阳市公共资源阳光交易中心进行交易。根据文件要求，市级市政公用事业行政主管部门接受本级人民政府授权，负责市级项目市政特许经营招标投标活动的实施；区、县（市）人民政府市政公用事业行政主管部门接受本级人民政府授权，负责区、县（市）级市政公用事业特许经营招标投标活动的实施。此外，文件对招投标企业的条件、招投标程序、评标方法等进行了规定。

2012年4月，《濮阳市城市公共交通客运管理办法》发布，对于符合规定的城市公共交通经营企业要通过招标、协议方式取得线路特许经营权，报经市政府批准后，与市城市公共交通客运主管部门签订线路经营权出让合同，领取营运证件，办理工商、税务登记后，方可营运。线路特许经营权出让时，已在该公共交通线路营运的企业，在同等条件下，可以优先取得线路经营权。经营者依法取得的特许经营权不得擅自转让、出租。并且规定办法施行前已采取承包、挂靠、联营等方式经营的，经营合同期满后，由城市公共交通行政主管部门按照本办法重新确定经营者。办法的出台为进一步规范行业经营行为提供了保障。

2 服务质量管理

为规范公共汽电车客运服务行为，提高服务质量，各地积极推动公共汽电车客运服务质量管理工作。2012年11月23日，《山东省城市公共汽电车客运服务规范（试行）》出台，规定了公共汽电车客运经营者的服务内容及对服务设施、营运、安全的要求，适用于山东省行政区域内公共汽电车客运经营者及公交驾驶员、乘务员、站务员等从业人员。

2012年，陕西省交通运输厅积极推动公交企业改革，鼓励适度竞争，提高运营服务质量。陕西省各级道路运输管理机构积极引导公交企业深化改革，按照《中华人民共和国公司法》和现代企业制度进行组建和运作，用市场机制调解各种矛盾、调整各方利益。西安市公交由1家国有企业、5家国有控股企业及17家民营企业共同经营，形成了适度竞争的格局。渭南、商洛、铜川、榆林、宝鸡、延安和安康等市城区均由1～2家国有企业经营。同时，陕西省交通运输厅积极寻找实行城乡客运一体化的突破口，按照因地制宜、合理配置、方便换乘的原则，大力推进农村客运通达工程。2012年上半年，西安市城市公共交通向农村延伸服务的公交线路90余条，车辆1700余辆；宝鸡市按照城乡客运一体化的发展思路，采取了“车头向下，城市公交服务农村”等措施，有效解决了城市公交线路向外辐射连接区县较少、城郊客运缺乏衔接、群众换乘不便等问题。

3 安全运营

各地加大城市公共交通安全运营管理力度，出台政策措施，积极提高行业安全运营管理水平。2012

年年初，重庆市提出，为减少公共交通安全事故，今后重庆市9座以上的客运车辆，要安装具有行驶记录功能的卫星定位装置并接入监控平台，以便企业和行业管理部门随时掌握行车安全信息。

2012年3月，江苏省交通运输厅制定出台了《关于切实加强全省城市公交运营安全管理的通知》，加强城市公交运营安全治理工作。一是增强城市公交运营安全管理责任意识；二是认真开展城市公交运营安全专项整治活动；三是加快推进城市公交运营安全长效机制建设，全面落实城市公交企业安全生产主体责任，严格履行城市公交运营安全监管职责。

第四章 城市轨道交通

截至2012年年底，全国城市轨道交通运营线路条数为69条，较2011年增长19.0%；线路总长度2057.9公里，较2011年增长21.1%；运营总里程2.8亿列公里，较2011年增长17.3%。2012年全国城市轨道交通发展情况见表4-1。

2012年全国城市轨道交通发展情况 **表4-1**

城市轨道交通	运营线路长度（公里）	运营线路（条）	运营车辆（标台）	经营企业（户）	从业人员（人）	运营里程（万列公里）	客运量（亿人次）
2012年全国总数	2057.9	69	30672	23	119516	28053	87.3
同比增长率（%）	21.1	19.0	26.1	9.5	19.7	17.3	22.4

注：数据来源于《城市（县城）客运统计》。

4.1 规划建设

截至2012年年底，我国内地已有北京、上海、重庆、广州、深圳、天津、沈阳、长春、南京、杭州、武汉、成都、西安、大连、苏州15个城市开通了城市轨道交通线路。预计到2015年底，城市轨道交通开通运营的线路长度将超过3000公里。城市轨道交通的快速发展，对于完善城市功能，推动经济发展，缓解城市交通拥堵，加快城市综合交通体系建设发挥了重要支撑作用。

截至2012年年底，全国共建成城市轨道交通车站1375个，其中换乘车站116个，车站总数近3年年均增长18.6%。上海市城市轨道交通车站、换乘站数量位居全国第一，分别为289个和37个，分别占全国总数的21.0%和31.9%，见图4-1、图4-2和表4-2。

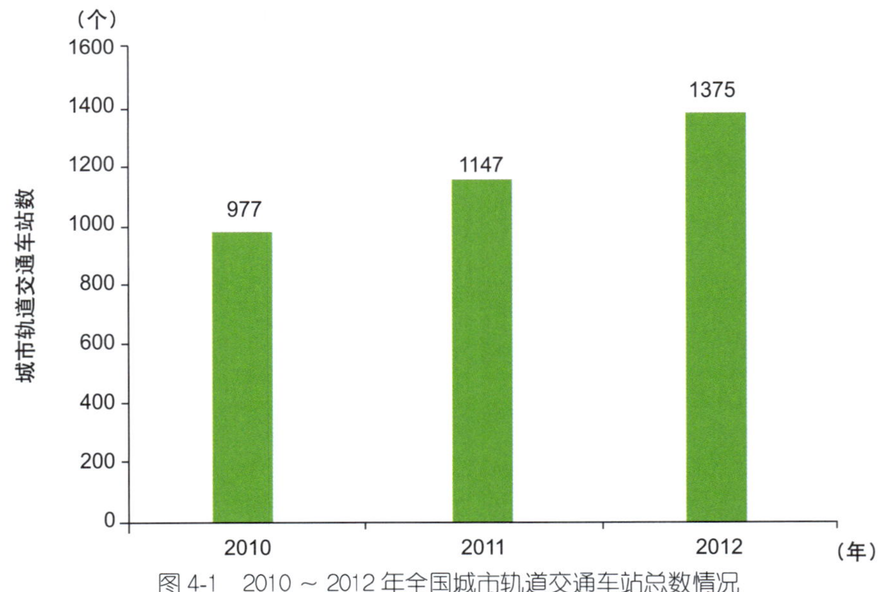

图4-1 2010～2012年全国城市轨道交通车站总数情况

注：数据来源于《城市（县城）客运统计》。

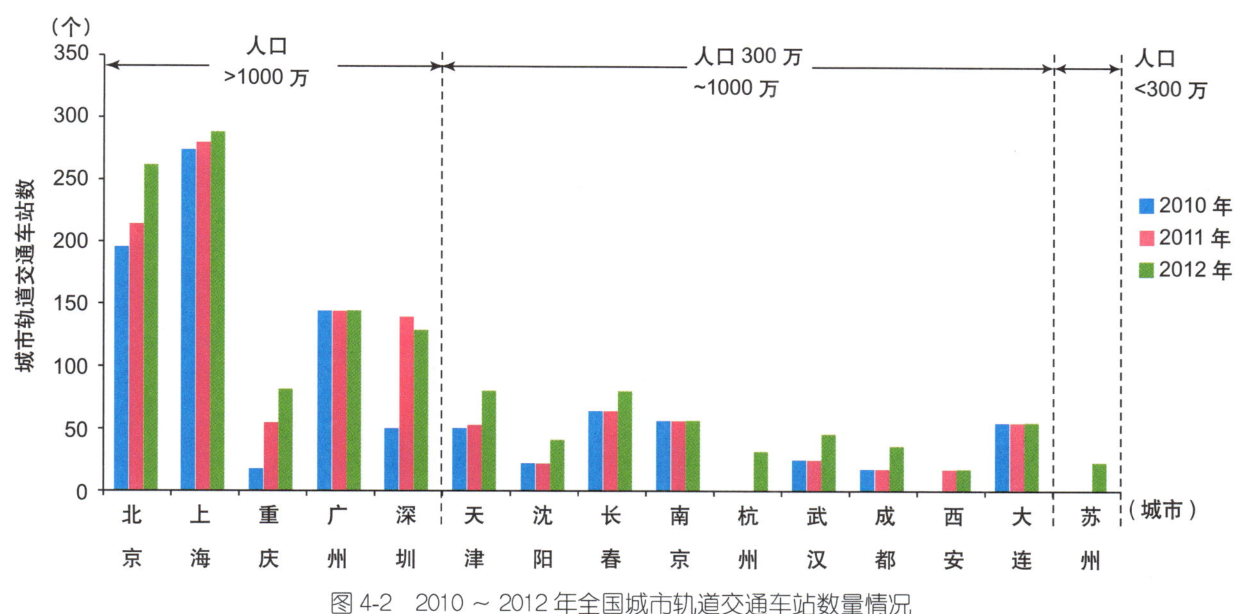

图 4-2 2010 ~ 2012 年全国城市轨道交通车站数量情况

注：数据来源于《城市（县城）客运统计》。

2012 年全国城市轨道交通车站数量情况 **表 4-2**

地区	车站数（个）	其中：换乘车站数（个）	地区	车站数（个）	其中：换乘车站数（个）
全国	1375	116	长春	81	1
北京	261	36	南京	57	2
上海	289	37	杭州	31	1
重庆	82	5	武汉	46	1
广州	144	14	成都	37	1
深圳	129	13	西安	17	—
天津	80	3	大连	56	1
沈阳	41	1	苏州	24	0

注：数据来源于《城市（县城）客运统计》。

4.2 运营线路

截至 2012 年年底，全国共有城市轨道交通运营线路 69 条，运营线路长度 2057.9 公里，较 2011 年分别增长了 19.0% 和 21.1%。其中地铁运营线路 55 条，长度为 1698.5 公里，占全国城市轨道交通运营线路总长度的 82.5%；轻轨运营线路 9 条，长度为 290.8 公里；有轨电车运营线路 4 条，长度为 39.5 公里；磁悬浮列车运营线路 1 条，长度为 29.1 公里。具体情况见图 4-3 和图 4-4。

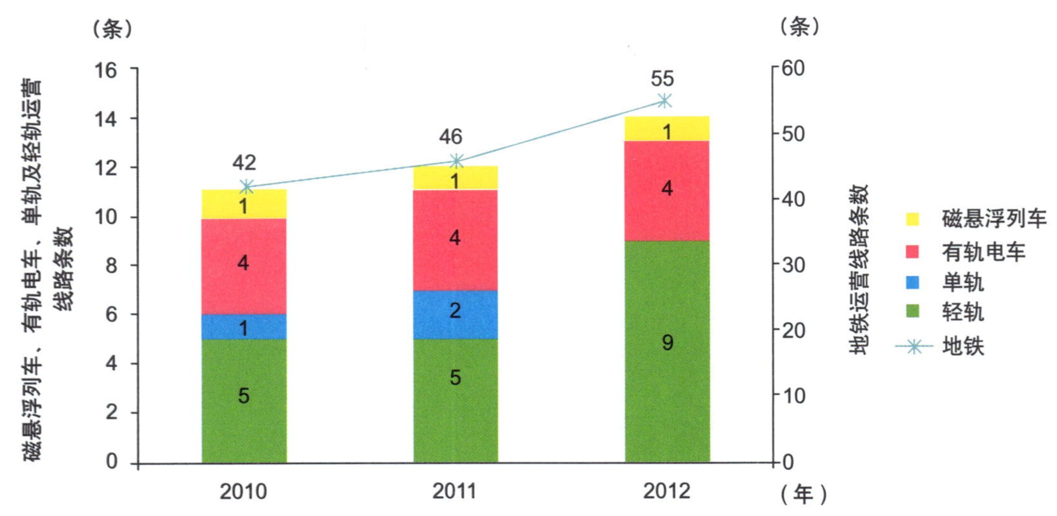

图 4-3　2010 ~ 2012 年全国城市轨道交通运营线路条数情况❶

注：数据来源于《城市（县城）客运统计》。

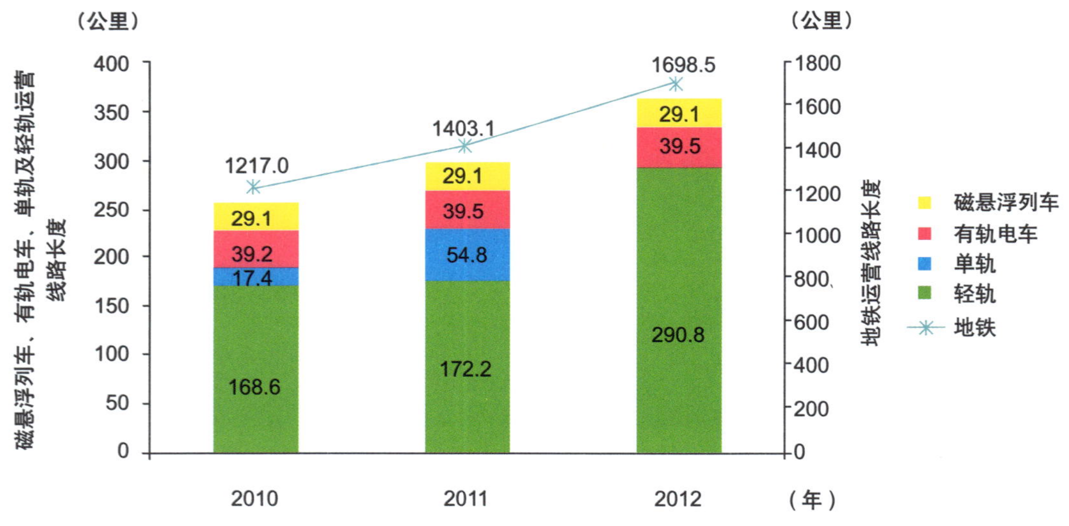

图 4-4　2010 ~ 2012 年全国城市轨道交通运营线路总长度情况

注：数据来源于《城市（县城）客运统计》。

此外，随着城市轨道交通快速发展，北京、上海、广州和深圳等特大城市轨道交通系统已经进入网络化运营时代。截至 2012 年年底，北京、上海、广州和深圳的城市轨道交通运营线路条数共计 42 条，运营里程 1323.2 公里，分别占全国城市轨道交通总量的 60.9% 和 64.3%，见图 4-5、图 4-6 和表 4-3。

❶ 2011 年重庆市将轨道交通上报为单轨，2012 年变更为轻轨和地铁。

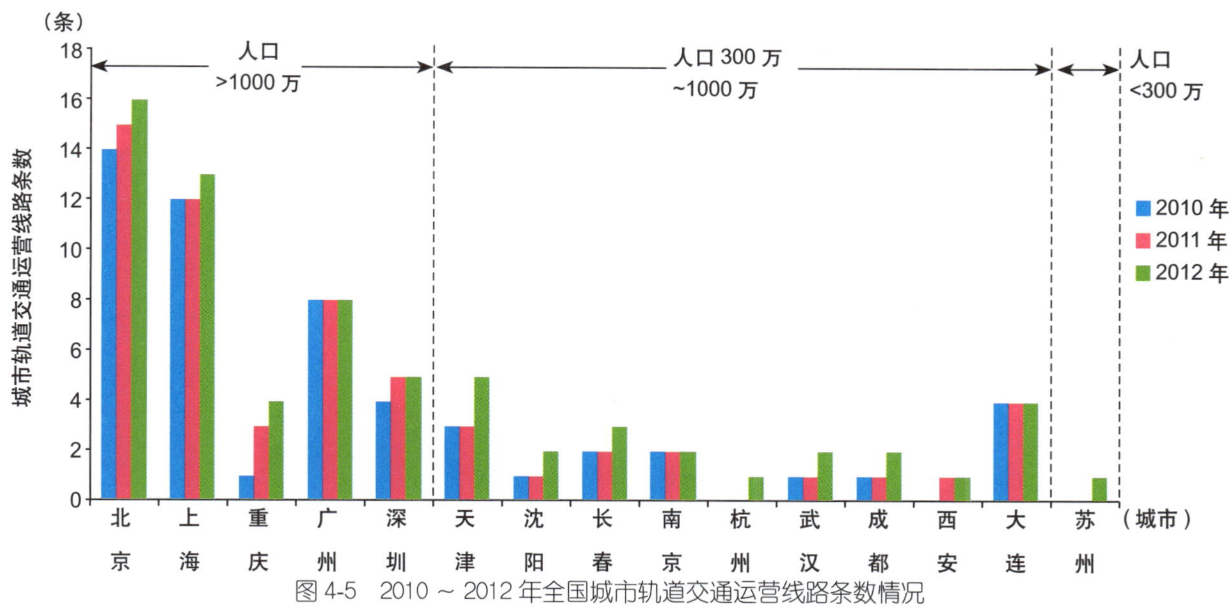

图 4-5　2010 ~ 2012 年全国城市轨道交通运营线路条数情况

注：数据来源于《城市（县城）客运统计》。

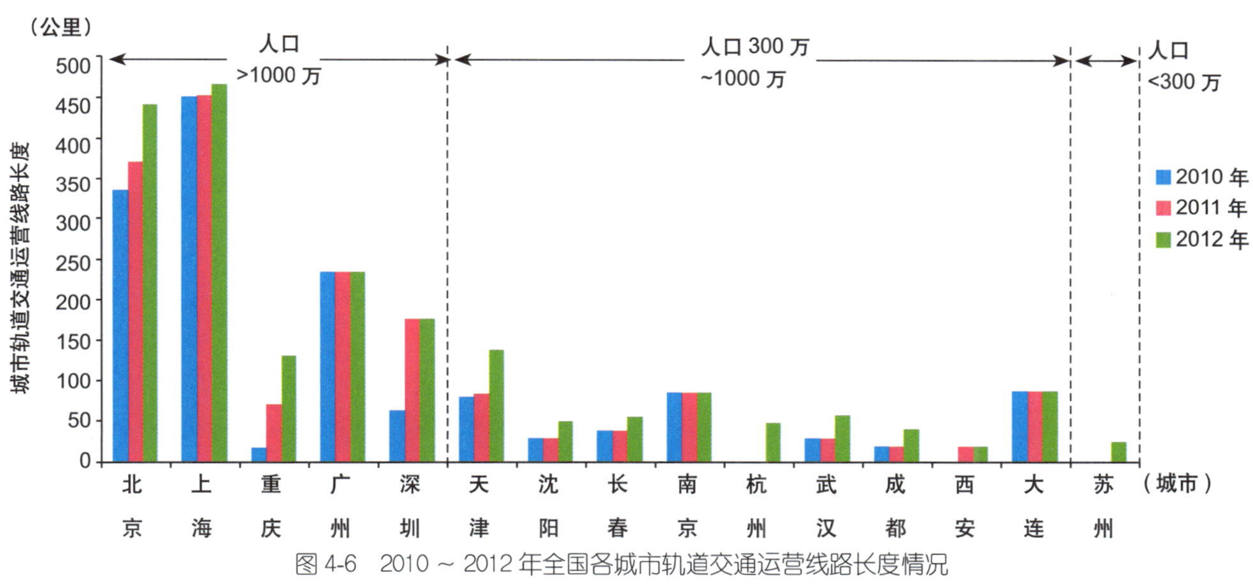

图 4-6　2010 ~ 2012 年全国各城市轨道交通运营线路长度情况

注：数据来源于《城市（县城）客运统计》。

2012 年全国城市轨道交通运营线路长度情况　　表 4-3

地区	运营线路长度（不含有轨电车）（公里）				
	合计	地铁	轻轨	有轨电车	磁悬浮列车
全国	2057.9	1698.5	290.8	39.5	29.1
北京	442.0	442.0	—	—	—
上海	468.2	439.1	—	—	29.1
重庆	131.0	56.0	75.0	—	—
广州	236.0	236.0	—	—	—

续上表

地区	运营线路长度（不含有轨电车）（公里）				
	合计	地铁	轻轨	有轨电车	磁悬浮列车
深圳	177.0	177.0	—	—	—
天津	138.7	78.5	52.3	7.9	—
沈阳	49.8	49.8	—	—	—
长春	54.5	—	46.9	7.6	—
南京	85.0	85.0	—	—	—
杭州	48.0	48.0	—	—	—
武汉	56.1	27.7	28.4	—	—
成都	39.5	39.5	—	—	—
西安	19.9	19.9	—	—	—
大连	87.0	—	63.0	24.0	—
苏州	25.2	—	25.2	—	—

注：数据来源于《城市（县城）客运统计》。

4.3 运营车辆

截至 2012 年年底，全国城市轨道交通运营车辆共 12611 辆，折合为 30672 标台，较 2011 年分别增长了 26.8% 和 26.1%。其中地铁运营车辆 11225 辆，轻轨运营车辆 1247 辆，有轨电车运营车辆 125 辆，磁悬浮列车运营车辆 14 辆，编组列数 2260 列。城市轨道交通运营车辆数量位居前三位的依次为北京、上海和广州，分别占全国总量的 29.2%、24.8% 和 10.4%。2010~2012 年全国城市轨道交通运营车辆数量情况见图 4-7。2012 年全国城市轨道交通运营车辆数量情况见表 4-4。

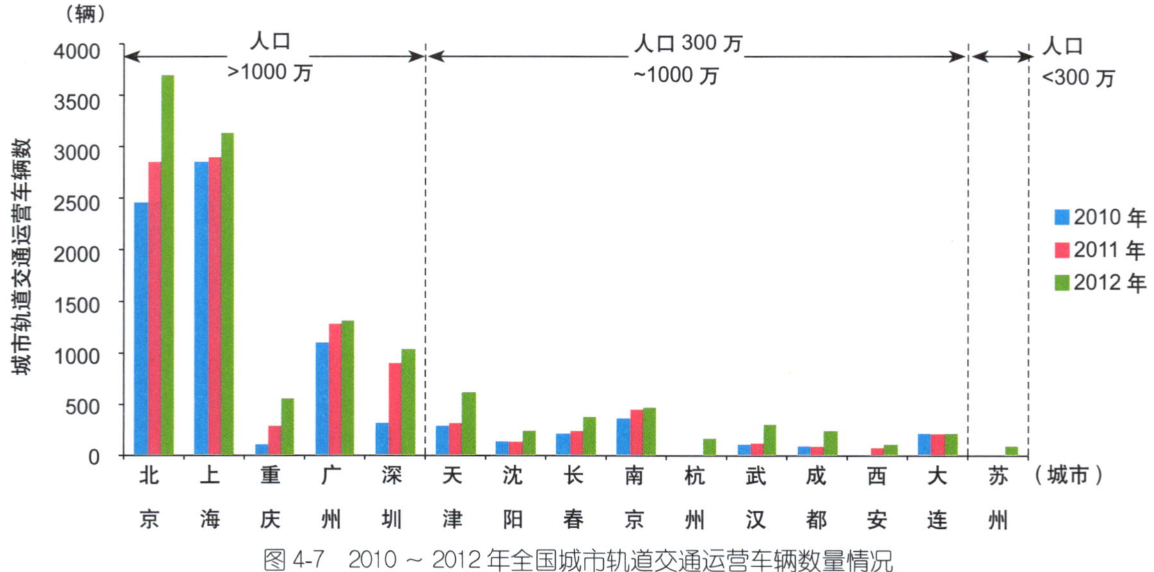

图 4-7　2010 ~ 2012 年全国城市轨道交通运营车辆数量情况

注：数据来源于《城市（县城）客运统计》。

2012 年全国城市轨道交通运营车辆数量情况　　表 4-4

地区	运营车辆（辆）					运营车辆（标台）	编组列数（列）
	合计	地铁	轻轨	有轨电车	磁悬浮列车		
全国	12611	11225	1247	125	14	30672	2260
北京	3685	3685	—	—	—	9213	604
上海	3130	3116	—	—	14	7825	508
重庆	558	186	372	—	—	1395	93
广州	1310	1310	—	—	—	3275	242
深圳	1050	1050	—	—	—	2625	183
天津	626	450	152	24	—	1565	121
沈阳	252	252	—	—	—	630	42
长春	380	—	351	29	—	950	106
南京	480	480	—	—	—	1200	80
杭州	168	168	—	—	—	420	28
武汉	312	180	132	—	—	780	63
成都	240	240	—	—	—	600	40
西安	108	108	—	—	—	270	18
大连	216	—	144	72	—	540	108
苏州	96	—	96	—	—	240	24

注：数据来源于《城市（县城）客运统计》。

4.4 经营主体

截至 2012 年年底，全国城市轨道交通运营企业共有 23 户，其中上海最多，为 6 户，分别为上海轨道交通运营管理中心、上海地铁第一运营公司、上海地铁第二运营公司、上海地铁第三运营公司、上海地铁第四运营公司和上海磁浮交通发展有限公司。广东为 3 户，分别为广州市地下铁道总公司、深圳市地铁集团有限公司、港铁轨道交通（深圳）有限公司。北京为 2 户，分别为北京市地铁运营有限公司和北京京港地铁有限公司。天津为 2 户，分别为天津市地下铁道运营有限公司和天津滨海快速交通发展有限公司。辽宁为 2 户，分别为沈阳地铁集团有限公司和大连金马快轨运营分公司。南京、长春、武汉、重庆、成都、杭州、苏州和西安均为 1 户。

截至 2012 年年底，全国城市轨道交通行业从业人员近 12 万人。其中，上海市从业人员最多，为 2.8 万人，占全国总数的 23.3%；苏州市从业人员最少，为 1671 人，占全国总数的 1.4%。在全国城市轨道交通行业从业人员中，大部分从业人员集中在城市轨道交通线路已成网运营的城市，见图 4-8、表 4-5。

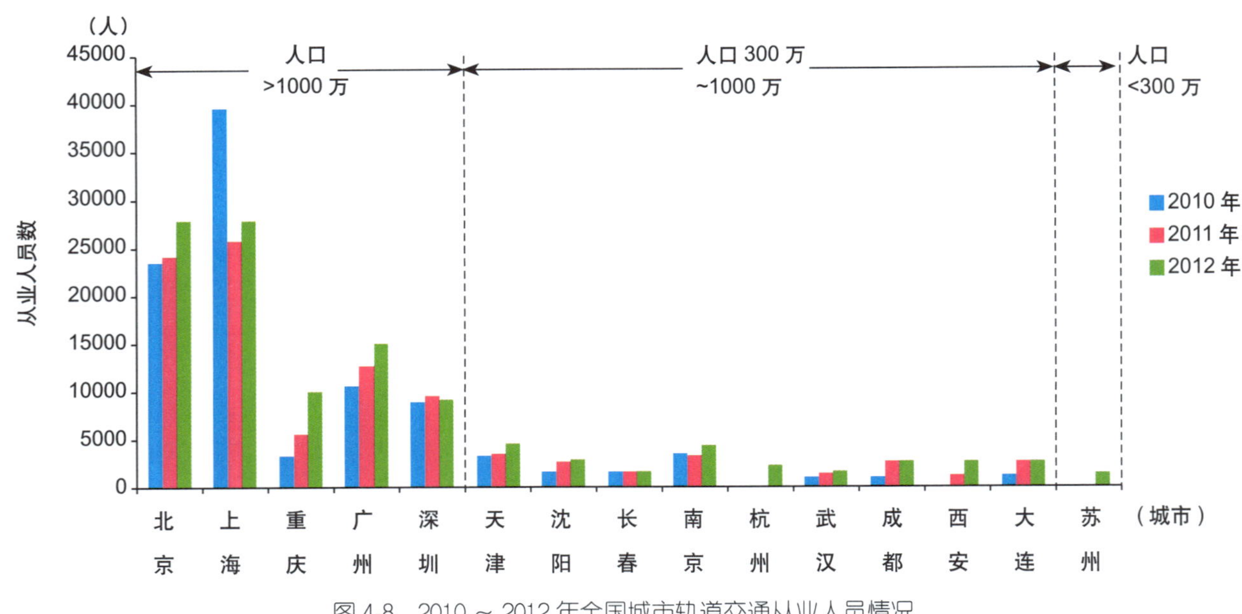

图 4-8　2010 ~ 2012 年全国城市轨道交通从业人员情况

注：数据来源于《城市（县城）客运统计》。

2012 年全国城市轨道交通从业人员情况　　**表 4-5**

市区人口（万人）	地区	从业人员（人）	运营线路长度（公里）
	全国	119516	2057.9
>1000	北京	28049	442.0
	上海	28155	468.2
	重庆	10165	131.0
	广州	15249	236.0
	深圳	9238	177.0
300~1000	天津	4685	138.7
	沈阳	3117	49.8
	长春	1757	54.5
	南京	4557	85.0
	杭州	2528	48.0
	武汉	1895	56.1
	成都	2836	39.5
	西安	2794	19.9
	大连	2820	87.0
<300	苏州	1671	25.2

注：数据来源于《城市（县城）客运统计》。

4.5 运营指标

截至 2012 年年底，全国城市轨道交通运营里程 2.8 亿列公里，较 2011 年增加了 17.3%，客运量 87.3 亿人次，较 2011 年增加了 22.4%。北京、上海、广州等城市的轨道交通运营网络基本形成，网络化效应凸显，在居民出行服务上发挥了重要作用，北京、上海的日均客流量均已突破 600 万人次，2012 年全国城市轨道交通运营指标情况见表 4-6。

2012 年全国城市轨道交通运营指标情况　　**表 4-6**

地区	运营里程（万列公里）	客运量（万人次）	地区	运营里程（万列公里）	客运量（万人次）
全国	28053	872925	长春	563	5225
北京	5390	246162	南京	—	40060
上海	5570	227573	杭州	35	561
重庆	959	24363	武汉	367	8288
广州	3798	185610	成都	257	10308
深圳	2348	78129	西安	184	5912
天津	779	11230	大连	674	8623
沈阳	433	18287	苏州	143	2595

注：数据来源于《城市（县城）客运统计》。

全国开通城市轨道交通的城市中，城市轨道交通客运量占城市公共交通客运量的比重位列前三位的是上海、广州和北京，分别为 44.6%、41.2% 和 32.3%，见图 4-9。

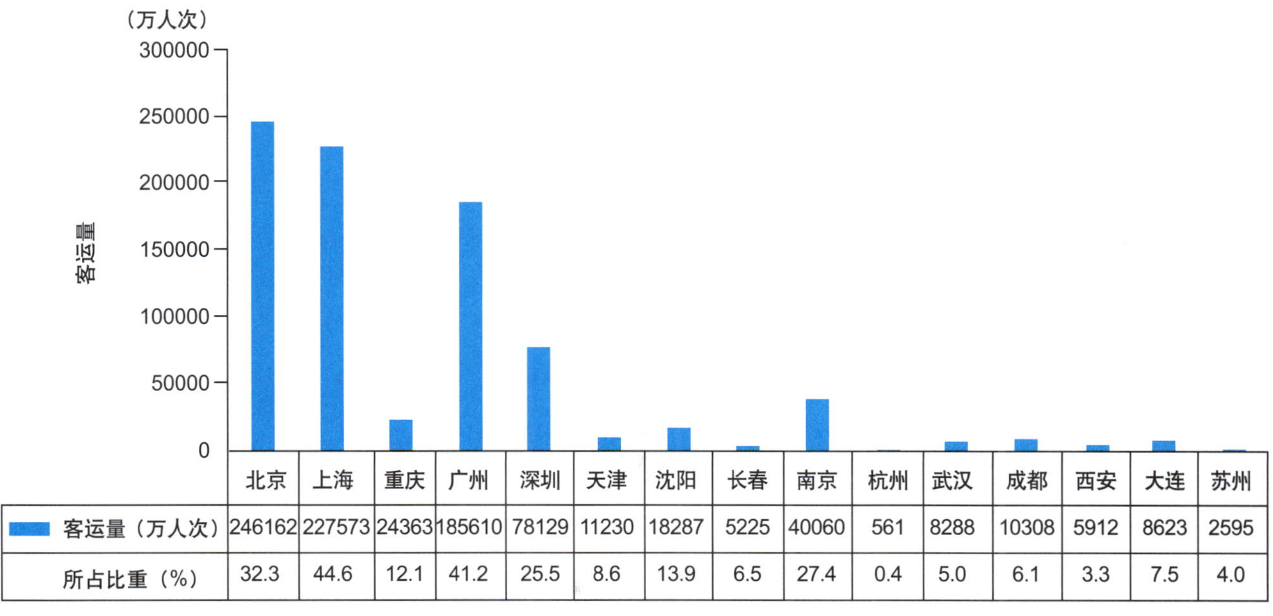

	北京	上海	重庆	广州	深圳	天津	沈阳	长春	南京	杭州	武汉	成都	西安	大连	苏州
客运量（万人次）	246162	227573	24363	185610	78129	11230	18287	5225	40060	561	8288	10308	5912	8623	2595
所占比重（%）	32.3	44.6	12.1	41.2	25.5	8.6	13.9	6.5	27.4	0.4	5.0	6.1	3.3	7.5	4.0

图 4-9　2012 年全国城市轨道交通客运量占城市公共交通客运量比重情况

注：数据来源于《城市（县城）客运统计》。

2012年全国开通轨道交通的城市中，年人均乘坐城市轨道交通次数位列前三位的分别是广州144.5次/年、北京121.9次/年、上海97.0次/年，见图4-10。

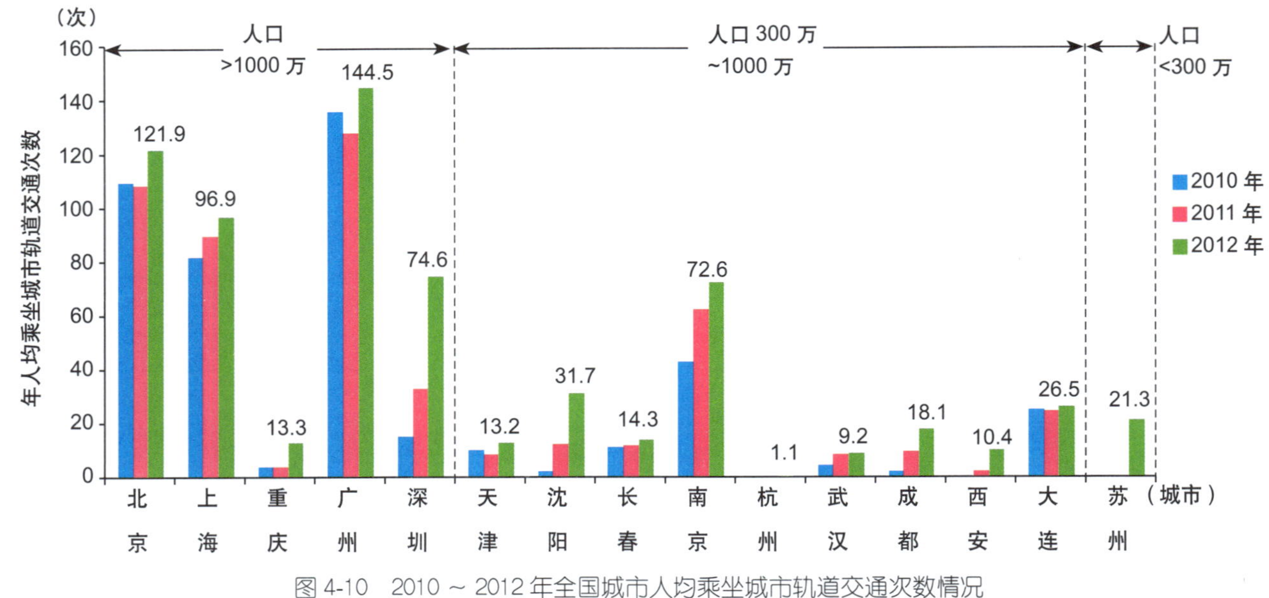

图4-10 2010～2012年全国城市人均乘坐城市轨道交通次数情况

注：数据来源于《城市（县城）客运统计》。

4.6 行业管理

2012年，各级交通运输主管部门、城市轨道交通运营单位不断探索城市轨道交通发展经验，加快法规标准建设，在加强安全管理、提升运营服务水平等方面做了大量工作。

1 加强运营安全管理

2012年，国务院发布《国务院关于城市优先发展公共交通的指导意见》，提出有条件的特大城市、大城市有序推进轨道交通系统建设，要求高度重视轨道交通的建设、运营安全，强化风险评估与防控，完善轨道交通工程验收和试运营审核及第三方安全评估制度。

2012年9月，交通运输部部长杨传堂在全国交通运输安全电视电话会议上指出，要以对党和人民高度负责的实际行动，坚决遏制住重特大事故多发频发势头，切实加强城市轨道交通运营安全管理。要加强沟通协作，认真总结北京奥运会、上海世博会等轨道交通运营安全管理经验，切实督促城市轨道交通运营企业落实安全生产主体责任。要把好新开通的城市轨道交通线路试运营基本条件评审关，防止条件不具备的新线开通运营。要定期组织开展城市轨道交通安全评价和安全认定工作，查找和消除安全隐患，确保城市轨道交通运营安全。各地按照国务院指导意见和交通运输部有关要求，采取切实有效措施，加强运营安全监管，全国城市轨道交通行业运营总体安全平稳。

2 推进行业协会建设

2012年9月，民政部颁发了《社会团体分支（代表）机构登记证书》（民社登〔2012〕第6916号），准予中国城市轨道交通协会运营管理专业委员会（以下简称“运营管理专业委员会”）登记。运营管理专业委员会是在交通运输部的指导和协会的领导下，在中国城市轨道交通协会内率先成立专业委员会，由交通运输部科学研究院、北京市地铁运营有限公司、上海申通地铁集团有限公司和广州市地下铁道总公司四家单位共同发起成立，依托单位为交通运输部科学研究院，业务范围包括标准制定、政策宣传、成果鉴定、业务培训、技术推广和咨询服务等。

③ 推进试运营基本条件评估工作

城市轨道交通试运营基本条件评估是对载客运营条件的客观评价，是城市轨道交通系统开通运营前的最后一道“关口”，按照交通运输部有关文件要求，应由省级交通运输主管部门组织，委托第三方评估机构独立、客观、公正地开展评估工作。2012 年，长春、苏州、成都、天津等城市组织开展了试运营基本条件评估工作。

④ 强化运营安全和应急处置研究

2008 年以来，交通运输部持续加大科研投入，在城市轨道交通行业监管体系、运营监测预警技术、运营安全风险管控技术以及应急预案等方面组织开展了一系列的研究工作，取得了一系列科研成果。组织修订《国家处置城市地铁事故灾难应急预案》，推进城市轨道交通应急处置工作的顶层设计。

各地高度重视城市轨道交通应急管理工作，加快完善应急处置体系，不断提高应急处置能力，在应急机构建设、应急协同机制、专家队伍建设以及应急救援力量储备等方面开展了大量工作。

专栏 4-1　推进规章制度建设——昆明

从 2011 年开始，昆明市交通运输局组织开展城市轨道交通运营监管制度的系统性研究，在充分借鉴国内外城市轨道交通监管先进经验基础上，结合昆明市实际情况，研究制定《城市轨道交通工程试运营管理办法》、《城市轨道交通工程试运行管理办法》、《城市轨道交通工程竣工验收管理办法》、《城市轨道交通运营安全管理办法》、《城市轨道交通安全保护区管理规定》和《城市轨道交通运营服务规范》等一系列城市轨道交通运营管理政府规章。

专栏 4-2　强化应急管理工作——杭州

为及时、有序、高效、妥善地处置城市轨道交通运营突发事件，防止事态蔓延扩大，最大程度地减少人员伤亡和财产损失，保障城市轨道交通运营安全，维护正常社会秩序，2012 年，杭州市制订了《杭州市城市轨道交通运营突发事件应急预案》。

根据城市轨道交通运营突发事件的影响范围，可能造成或者已经造成的严重程度以及人员伤亡，财产损失，中断运营等情况，分为 Ⅰ 级（特别重大），Ⅱ 级（重大），Ⅲ 级（较大），Ⅳ 级（一般）四级，由相应的红色，橙色，黄色，蓝色进行预警响应，确认预案启动和终止的相关程序。

第五章 出租汽车

截至 2012 年年底，全国共有出租汽车 130.0 万辆，较 2011 年增加 2.8%；出租汽车经营企业为 8379 户，较 2011 年增加 2.4%；个体经营业户为 131450 户，较 2011 年增加 4.1%；从业人员为 250.7 万人，较 2011 年增加 4.3%；2012 年运营里程为 1566.3 亿公里，车均运营里程为 12.1 万公里；2012 年载客里程为 1102 亿公里，总客运量为 390.0 亿人次，较 2011 年增长 3.5%。2012 年全国出租汽车发展情况见表 5-1。

2012 年全国出租汽车发展情况 **表 5-1**

出租汽车	运营车辆数（辆）	经营企业（户）	个体经营业户（户）	从业人员（万人）	运营里程（万公里）	客运量（亿人次）	里程利用率（%）
2012 年全国总数	1299682	8379	131450	250.7	15662785	390.0	70.3
同比增长率（%）	2.8	2.4	4.1	4.3	3.1	3.5	1.6

注：数据来源于《城市（县城）客运统计》。

5.1 运营车辆

截至 2012 年年底，全国共有出租汽车运营车辆 130.0 万辆，2010~2012 年全国出租汽车运营车辆数量排在前五位的省（直辖市）依次为黑龙江、辽宁、吉林、山东、北京，见图 5-1 和表 5-2。

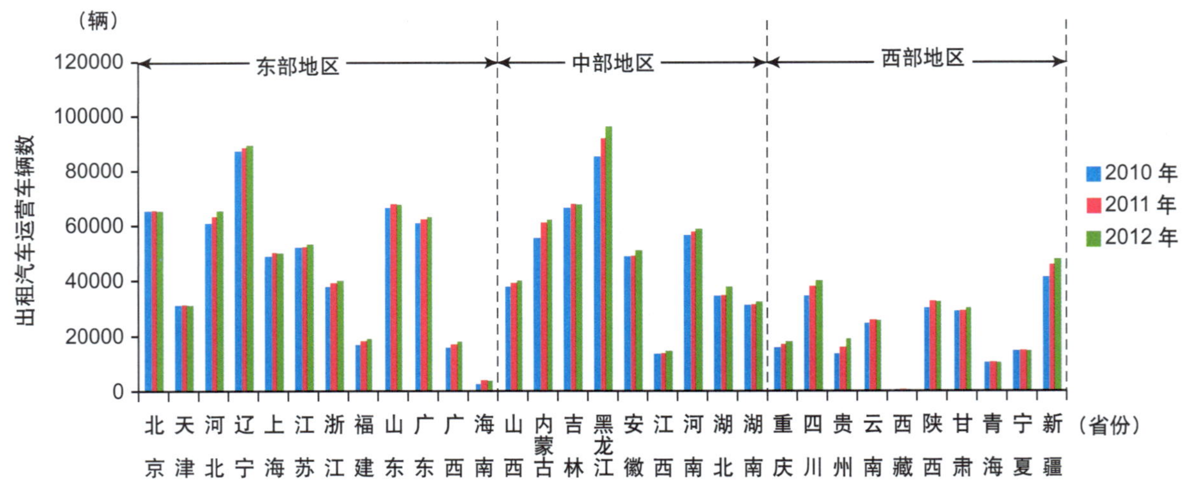

图 5-1 2010 ~ 2012 年全国 31 个省（自治区、直辖市）出租汽车运营车辆数量情况

注：数据来源于《城市（县城）客运统计》。

2012 年全国出租汽车运营车辆数量情况　　表 5-2

东部地区	运营车辆数（辆）	中部地区	运营车辆数（辆）	西部地区	运营车辆数（辆）
北京	66646	山西	40866	重庆	19108
天津	31940	内蒙古	62372	四川	41378
河北	66585	吉林	68838	贵州	20600
辽宁	90401	黑龙江	97095	云南	27318
上海	50683	安徽	51592	西藏	2050
江苏	54464	江西	16219	陕西	33974
浙江	40725	河南	59523	甘肃	31065
福建	20783	湖北	38643	青海	12178
山东	68690	湖南	33257	宁夏	15854
广东	64386			新疆	48320
广西	18877				
海南	5252				

注：数据来源于《城市（县城）客运统计》。

按车辆燃料类型分，全国出租汽车运营车辆主要分为汽油车、乙醇汽油车、柴油车、液化石油气（LPG）车、压缩天然气（CNG）车、双燃料车和纯电动车。截至 2012 年年底，全国出租汽车中汽油车 61.4 万辆，乙醇汽油车 21.2 万辆，柴油车 7.2 万辆，液化石油气车 0.8 万辆，压缩天然气车 5.7 万辆，双燃料车 33.5 万辆，纯电动车 1426 辆（约是 2011 年的 3 倍），传统的汽油车占绝对优势。但近三年全国出租汽车的燃料类型中，双燃料车的比重逐年升高，而汽油车在出租汽车运营车辆总量中比重逐年降低，《交通运输“十二五”发展规划》中提出的要“促进混合动力、纯电动、压缩天然气等新能源和清洁燃料车辆在公共汽车和出租汽车领域的示范推广应用”等相关政策得到了积极的落实。具体情况见图 5-2、表 5-3 和图 5-3。

2012 年全国出租汽车运营车辆按燃料类型划分情况　　表 5-3

分类 / 数量	汽油车	乙醇汽油车	柴油车	液化石油气车	压缩天然气车	双燃料车	纯电动车
车辆数（辆）	614161	211611	72385	7523	57180	335396	1426
占总量比重（%）	47.2	16.3	5.6	0.6	4.4	25.8	0.1

注：数据来源于《城市（县城）客运统计》。

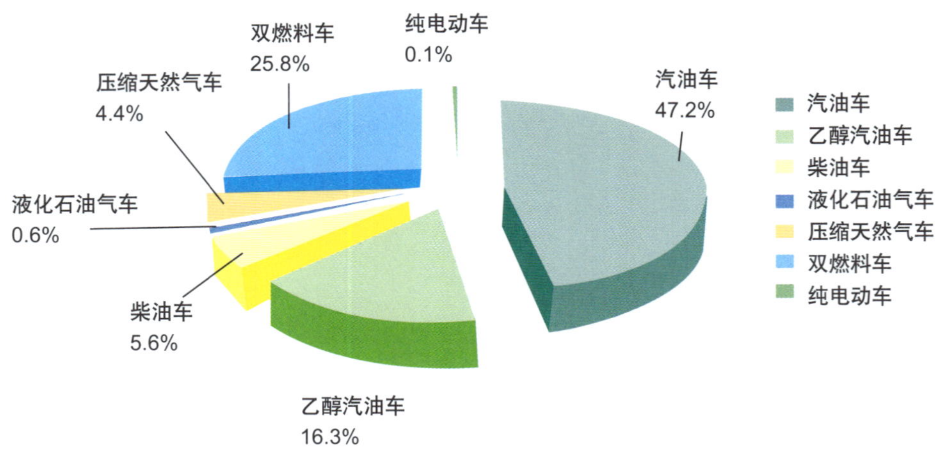

图 5-2　2012 年全国出租汽车运营车辆按照燃料类型划分情况

注：数据来源于《城市（县城）客运统计》。

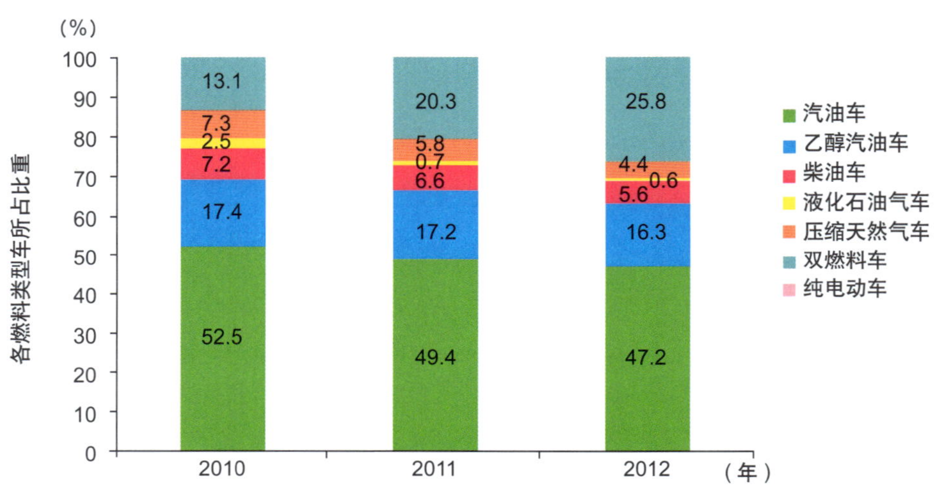

图 5-3　2010 ~ 2012 年全国出租汽车运营车辆燃料类型情况

注：数据来源于《城市（县城）客运统计》。

截至 2012 年年底，全国 36 个中心城市中有 12 个城市以汽油出租汽车为主（汽油车辆数占车辆总数的比重超过 50%），分别为北京、大连、天津、昆明、上海、深圳、杭州、青岛、贵阳、沈阳、福州、太原；有 15 个城市以双燃料出租汽车为主（双燃料车辆数占车辆总数的比重超过 50%），分别为石家庄、呼和浩特、西宁、西安、重庆、郑州、武汉、济南、厦门、南京、海口、成都、广州、合肥、长沙；有 3 个城市以压缩天然气出租汽车为主（压缩天然气车辆数占车辆总数的比重超过 50%），分别为乌鲁木齐、兰州、银川；目前有 5 个城市开始使用纯电动出租汽车，分别为深圳（800 辆）、杭州（200 辆）、海口（280 辆）、银川（20 辆）和广州（6 辆），深圳的纯电动出租汽车占出租汽车总量的 5.2%。2012 年全国 36 个中心城市出租汽车按燃料类型划分情况见表 5-4。

2012年全国36个中心城市出租汽车运营车辆按燃料类型划分情况 表5-4

市区人口（万人）	地区	运营车数								
		合计（辆）	汽油车（辆）	乙醇汽油车（辆）	柴油车（辆）	液化石油气车（辆）	压缩天然气车（辆）	双燃料车（辆）	纯电动车（辆）	其他
>1000	北京	66646	66646	—	—	—	—	—	—	—
	上海	50683	48811	—	725	—	—	1147	—	—
	重庆	15520	—	—	—	—	292	15228	—	—
	广州	19943	50	—	—	3624	—	16263	6	—
	深圳	15300	14500	—	—	—	—	—	800	—
300~1000	天津	31940	31939	—	1	—	—	—	—	—
	沈阳	19640	14405	—	4413	—	—	822	—	—
	长春	16967	—	10964	6003	—	—	—	—	—
	哈尔滨	15519	—	11482	4037	—	—	—	—	—
	南京	10195	1099	—	2	—	—	9094	—	—
	杭州	10344	9589	—	355	200	—	—	200	—
	济南	8357	314	49	172	—	—	7822	—	—
	郑州	10718	—	359	—	—	111	10248	—	—
	武汉	16597	971	—	—	—	—	15626	—	—
	太原	8291	4709	—	1	—	3108	473	—	—
	成都	14914	2289	—	—	—	—	12625	—	—
	昆明	8125	7977	—	148	—	—	—	—	—
	西安	13132	8	—	—	—	—	13124	—	—
	大连	10592	10592	—	—	—	—	—	—	—
	厦门	4960	531	—	—	—	—	4429	—	—
	乌鲁木齐	10046	—	—	—	—	10046	—	—	—
	合肥	8395	—	25	35	—	1651	6684	—	—
	南宁	5670	—	5190	100	—	—	380	—	—
	贵阳	6722	5876	—	846	—	—	—	—	—
100~300	石家庄	6823	—	—	—	—	—	6823	—	—
	呼和浩特	5575	—	—	—	—	—	5575	—	—
	福州	5445	3177	—	1163	—	—	1105	—	—
	南昌	4753	1335	—	2981	—	—	437	—	—
	长沙	6280	1146	—	1462	—	—	3672	—	—
	海口	2610	—	—	25	—	—	2305	280	—
	兰州	6996	39	—	—	—	6957	—	—	—
	西宁	5516	—	—	—	—	—	5516	—	—
	青岛	9693	8499	—	—	—	1194	—	—	—
	宁波	4101	528	—	2383	—	—	1190	—	—
	银川	5278	1322	—	—	—	3936	—	20	—
<100	拉萨	1160	50	—	—	1110	—	—	—	—

注：数据来源于《城市（县城）客运统计》。

5.2 经营主体

① 企业概况

2010 ~ 2012 年全国出租汽车企业经营主体情况见图 5-4。

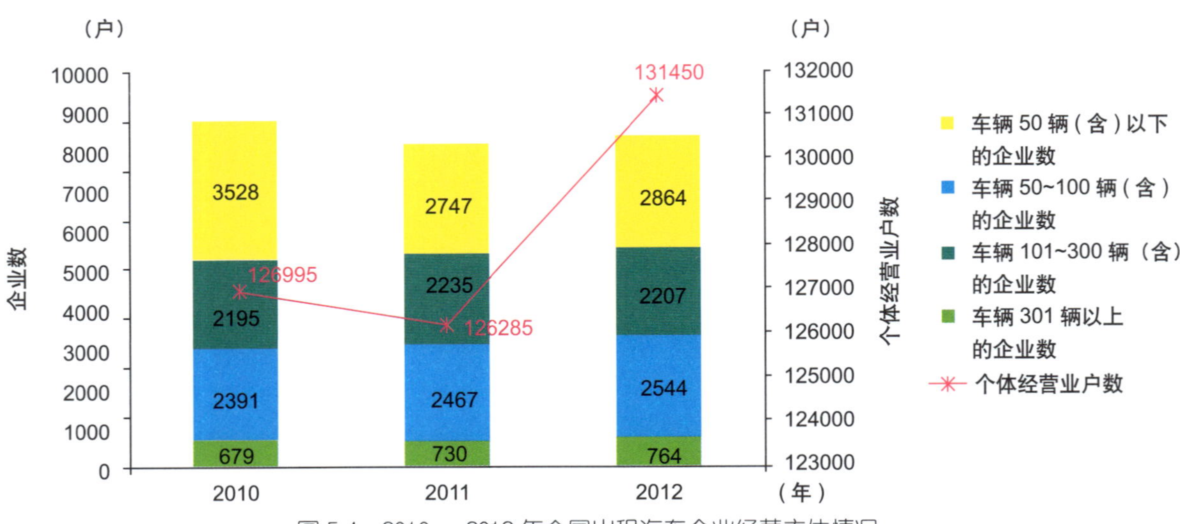

图 5-4　2010 ~ 2012 年全国出租汽车企业经营主体情况

注：数据来源于《城市（县城）客运统计》。

截至 2012 年年底，全国出租汽车个体经营业户数为 131450 户，较 2011 年增加了 4.1%。全国出租汽车企业共计 8379 户，较 2011 年增加了 2.4%；其中车辆数在 301 辆以上的企业数为 764 户；车辆数在 50 辆（含）以下的企业数为 2864 户，见图 5-5。2012 年全国出租汽车企业车辆规模所占比重情况见表 5-5。

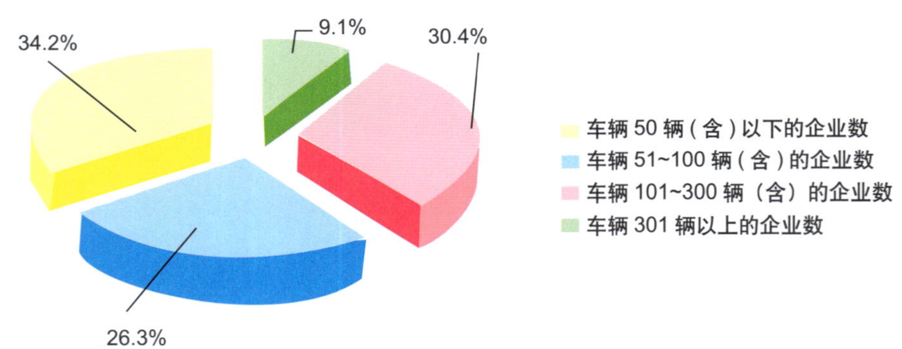

图 5-5　2012 年全国出租汽车企业按车辆规模划分及所占比重情况

注：数据来源于《城市（县城）客运统计》。

2012 年全国出租汽车企业运营车辆规模所占比重情况　　表 5-5

类　型	车辆 301 辆以上企业数	车辆 101~300 辆（含）企业数	车辆 51~100 辆（含）企业数	车辆 50 辆（含）以下企业数
企业数量（户）	764	2544	2207	2864
所占比重（%）	9.1	30.4	26.3	34.2

注：数据来源于《城市（县城）客运统计》。

② 从业人员

截至 2012 年年底，全国出租汽车行业从业人员达 250.7 万人，较 2011 年增加了 4.3%。2010~2012 年全国出租汽车从业人员情况见图 5-6。

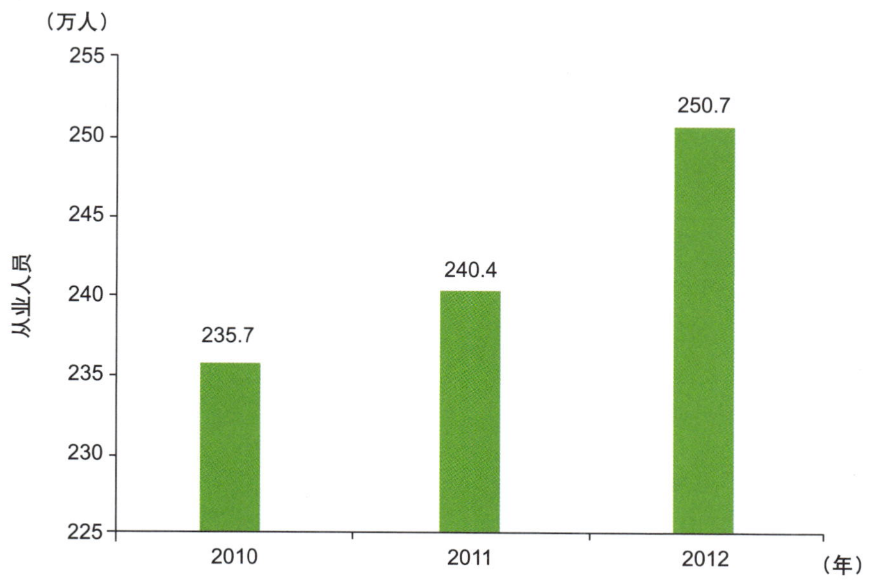

图 5-6　2010 ~ 2012 年全国出租汽车从业人员情况

注：数据来源于《城市（县城）客运统计》。

全国 31 个省（自治区、直辖市）出租汽车行业平均从业人员为 8.1 万人。从业人数最多的为辽宁省，达 18.4 万人；其次为黑龙江省，14.7 万人；第三为吉林省，14.1 万人。2010~2012 年全国 31 个省（自治区、直辖市）出租汽车从业人员情况见图 5-7。2012 年全国出租汽车从业人员情况见表 5-6。

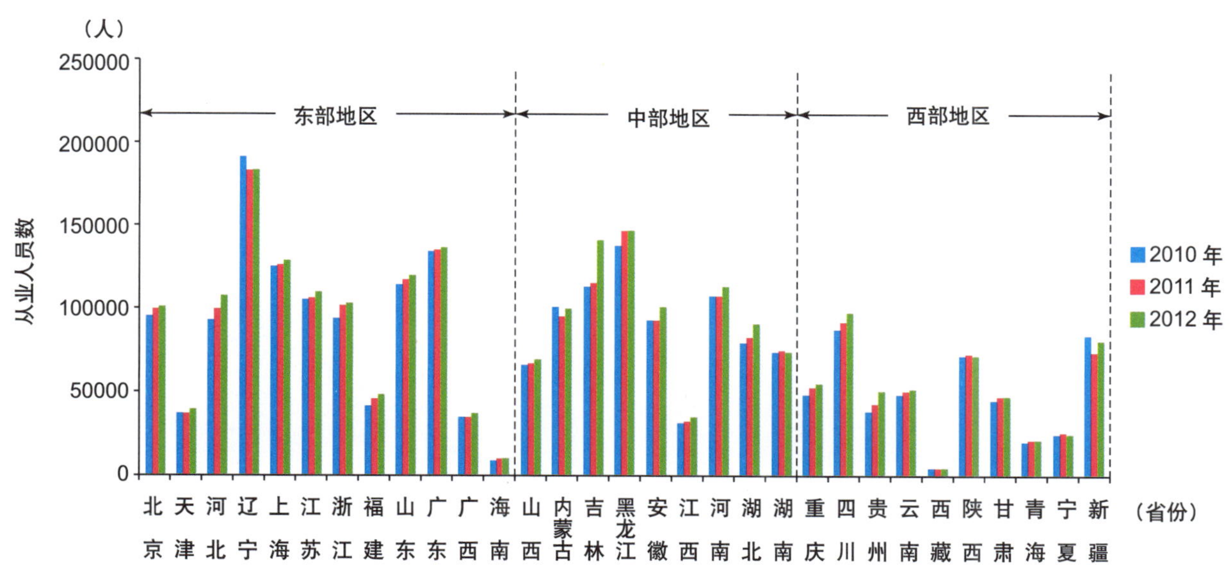

图 5-7　2010 ~ 2012 年全国 31 个省（自治区、直辖市）出租汽车从业人员情况

注：数据来源于《城市（县城）客运统计》。

2012 年全国 31 个省（自治区、直辖市）出租汽车从业人员情况　　　　表 5-6

东部地区	出租汽车从业人员（人）	中部地区	出租汽车从业人员（人）	西部地区	出租汽车从业人员（人）
北京	100700	山西	70030	重庆	55371
天津	39500	内蒙古	100121	四川	97950
河北	107453	吉林	141205	贵州	50932
辽宁	184208	黑龙江	146613	云南	51408
上海	129278	安徽	100826	西藏	4405
江苏	109938	江西	34622	陕西	72125
浙江	102899	河南	113511	甘肃	47725
福建	48568	湖北	91038	青海	21062
山东	120458	湖南	74666	宁夏	25157
广东	136771			新疆	80496
广西	37493				
海南	10265				

注：数据来源于《城市（县城）客运统计》。

截至 2012 年年底，全国出租汽车人车比为 1.9，36 个中心城市中有 29 个城市高于全国平均水平，出租汽车人车比排在前五位的是重庆、福州、呼和浩特、武汉、长沙，见图 5-8。2012 年全国 36 个中心城市出租汽车人车比情况见表 5-7。

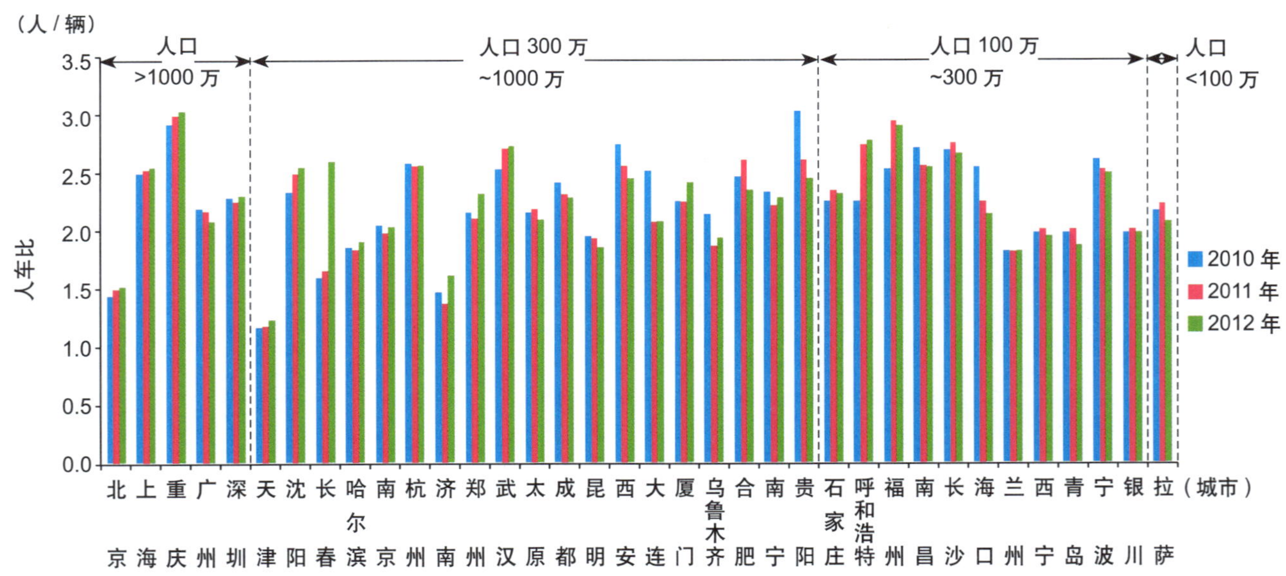

图 5-8　2010 ~ 2012 年全国 36 个中心城市出租汽车人车比情况

注：数据来源于《城市（县城）客运统计》。

2012年全国36个中心城市出租汽车人车比情况 **表5-7**

市区人口（万人）	城市	从业人员（人）	车辆数（辆）	人车比（人/辆）
>1000	北京	100700	66646	1.5
	上海	129278	50683	2.6
	重庆	47029	15520	3.0
	广州	41413	19943	2.1
	深圳	35189	15300	2.3
300~1000	天津	39500	31940	1.2
	沈阳	50145	19640	2.6
	长春	44002	16967	2.6
	哈尔滨	29471	15519	1.9
	南京	20701	10195	2.0
	杭州	26543	10344	2.6
	济南	13506	8357	1.6
	郑州	24886	10718	2.3
	武汉	45314	16597	2.7
	太原	17449	8291	2.1
	成都	34099	14914	2.3
	昆明	15142	8125	1.9
	西安	32261	13132	2.5
	大连	22084	10592	2.1
	厦门	11967	4960	2.4
	乌鲁木齐	19446	10046	1.9
	合肥	19775	8395	2.4
	南宁	12945	5670	2.3
	贵阳	16508	6722	2.5
100~300	石家庄	15870	6823	2.3
	呼和浩特	15481	5575	2.8
	福州	15795	5445	2.9
	南昌	12114	4753	2.5
	长沙	16666	6280	2.7
	海口	5613	2610	2.2
	兰州	12776	6996	1.8
	西宁	10748	5516	1.9
	青岛	18165	9693	1.9
	宁波	10247	4101	2.5
	银川	10512	5278	2.0
<100	拉萨	2406	1160	2.1

注：数据来源于《城市（县城）客运统计》。

5.3 运营指标

① 运营里程

截至2012年年底，全国出租汽车运营总里程为1566.3亿公里，较2011年增长了3.1%，2012年全国31个省（自治区、直辖市）出租汽车年运营里程情况见表5-8。2012年全国平均每辆出租汽车年运营里程为12.1万公里，其中西藏自治区每辆车平均年运营里程最高，为18.9万公里，见图5-9。2010~2012年全国31个省（自治区、直辖市）出租汽车每车平均年运营里程情况见图5-10。

2012 年全国 31 个省（自治区、直辖市）出租汽车年运营里程情况　　表 5-8

东部地区	运营里程（万公里）	中部地区	运营里程（万公里）	西部地区	运营里程（万公里）
北京	585056	山西	421977	重庆	306187
天津	397255	内蒙古	637614	四川	608120
河北	684763	吉林	740525	贵州	244013
辽宁	1197766	黑龙江	881039	云南	243706
上海	637739	安徽	649913	西藏	38684
江苏	724587	江西	213042	陕西	469987
浙江	639242	河南	663838	甘肃	301996
福建	306395	湖北	552427	青海	115722
山东	885915	湖南	515677	宁夏	175486
广东	989249			新疆	550518
广西	206356				
海南	77992				

注：数据来源于《城市（县城）客运统计》。

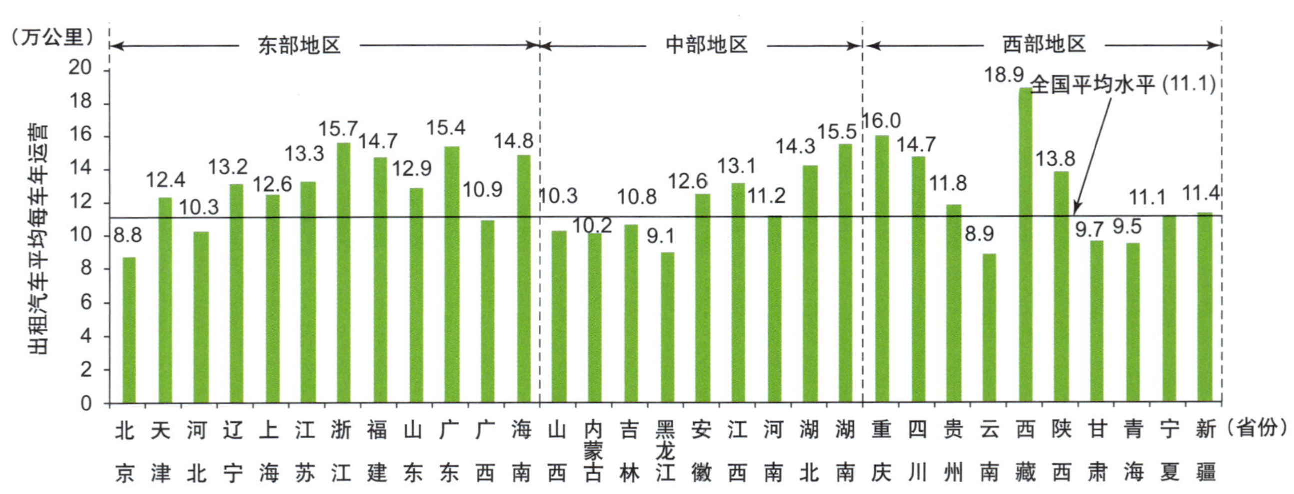

图 5-9　2012 年全国 31 个省（自治区、直辖市）出租汽车平均每车年运营里程情况

注：数据来源于《城市（县城）客运统计》。

截至2012年年底，全国36个中心城市中有31个城市出租汽车平均每车年运营里程超过全国平均水平，其中拉萨市出租汽车平均每车年运营里程最高，为 20.3 万公里。2012 年全国 36 个中心城市出租汽车平均每车年运营里程情况见表 5-9，2010~2012 年全国 36 个中心城市出租汽车平均每车年运营里程情况见图 5-11。

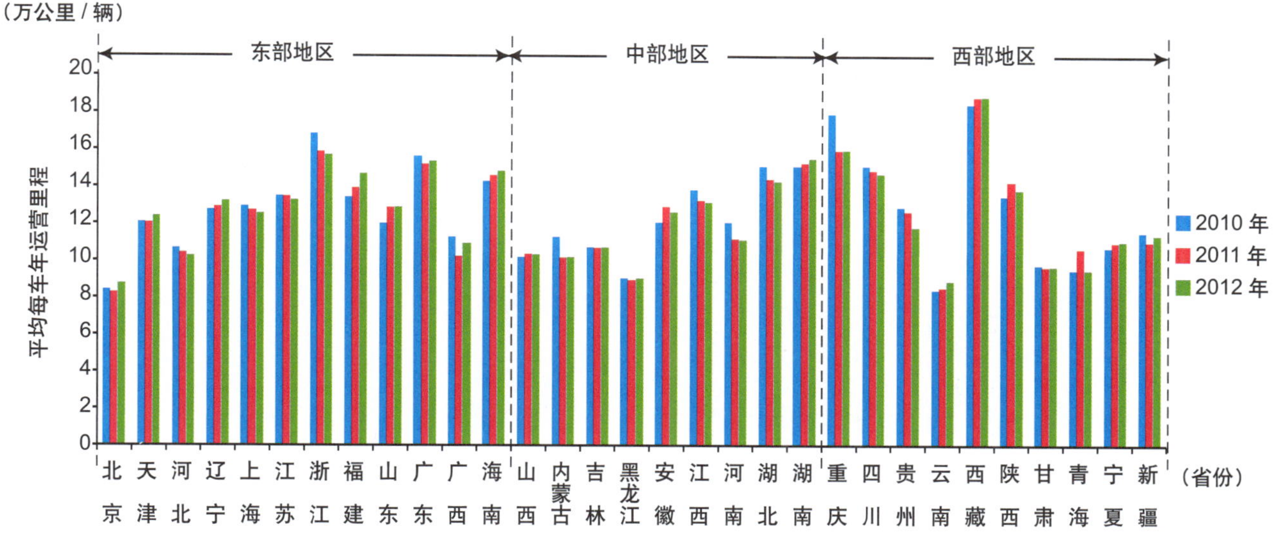

图 5-10 2010 ~ 2012 年全国 31 个省（自治区、直辖市）出租汽车平均每车年运营里程情况

注：数据来源于《城市（县城）客运统计》。

2012 年全国 36 个中心城市出租汽车平均每车年运营里程情况 **表 5-9**

市区人口（万人）	城市	运营里程（万公里）	运营车辆数（辆）	车均年运营里程（万公里/辆）	市区人口（万人）	城市	运营里程（万公里）	运营车辆数（辆）	车均年运营里程（万公里/辆）
>1000	北京	585056	66646	8.8	300~1000	大连	15995	10592	14.3
	上海	637739	50683	12.6		厦门	82962	4960	16.7
	重庆	254308	15520	16.4		乌鲁木齐	132389	10046	13.2
	广州	284981	19943	14.3		合肥	126996	8395	15.1
	深圳	245496	15300	16.0		南宁	67493	5670	11.9
300~1000	天津	397255	31940	12.4		贵阳	75958	6722	11.3
	沈阳	284250	19640	14.5	100~300	石家庄	86431	6823	12.7
	长春	235305	16967	13.9		呼和浩特	66848	5575	12.0
	哈尔滨	184227	15519	11.9		福州	84776	5445	15.6
	南京	129360	10195	12.7		南昌	63969	4753	13.5
	杭州	147007	10344	14.2		长沙	104546	6280	16.6
	济南	89495	8357	10.7		海口	31867	2610	12.2
	郑州	94468	10718	8.8		兰州	83285	6996	11.9
	武汉	243030	16597	14.6		西宁	57669	5516	10.5
	太原	109517	8291	13.2		青岛	153543	9693	15.8
	成都	203783	14914	13.7		宁波	59814	4101	14.6
	昆明	73399	8125	9.0		银川	68384	5278	13.0
	西安	200959	13132	15.3	<100	拉萨	23591	1160	20.3

注：数据来源于《城市（县城）客运统计》。

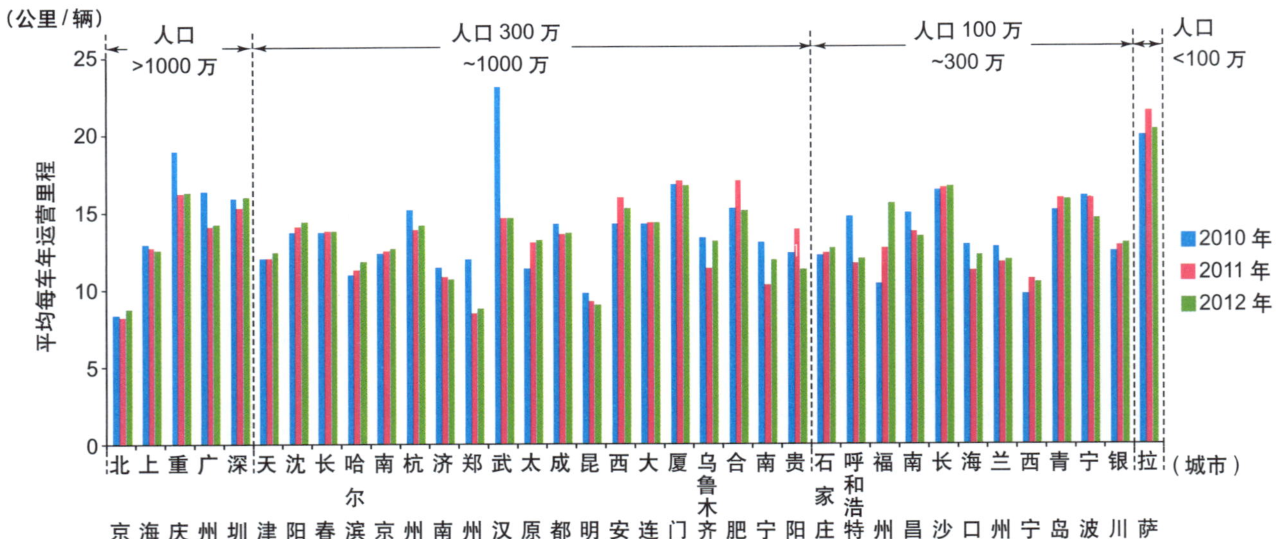

图 5-11　2010 ~ 2012 年全国 36 个中心城市出租汽车平均每车年运营里程情况

注：数据来源于《城市（县城）客运统计》。

2 客运量

2012 年，全国出租汽车共完成客运量 390.0 亿人次，较 2011 年增加了 3.5%，2010~2012 年全国出租汽车客运量情况见图 5-12，2012 年出租汽车空驶率为 29.7%。

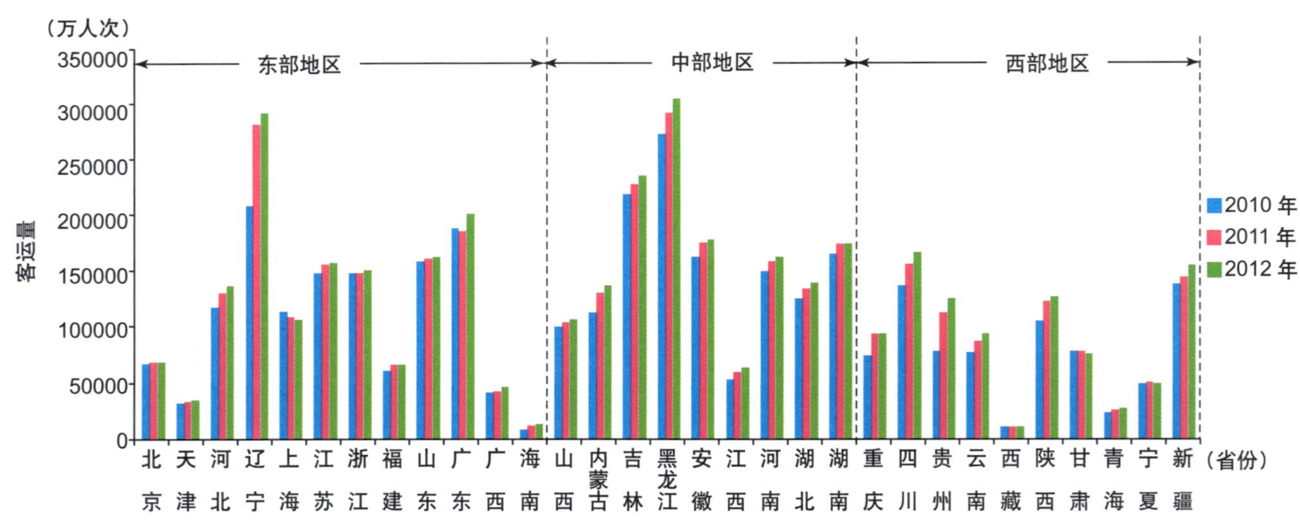

图 5-12　2010 ~ 2012 年全国 31 个省（自治区、直辖市）出租汽车客运量情况

注：数据来源于《城市（县城）客运统计》。

3 里程利用率

截至 2012 年年底，全国出租汽车运营里程为 1566.3 亿公里，其中载客里程 1101.7 亿公里，里程利用率达到 70.3%。其中海南省的出租汽车里程利用率最高，为 89.5%，其次为贵州省 83.2%，第三为吉林省 80.4%，见图 5-13。

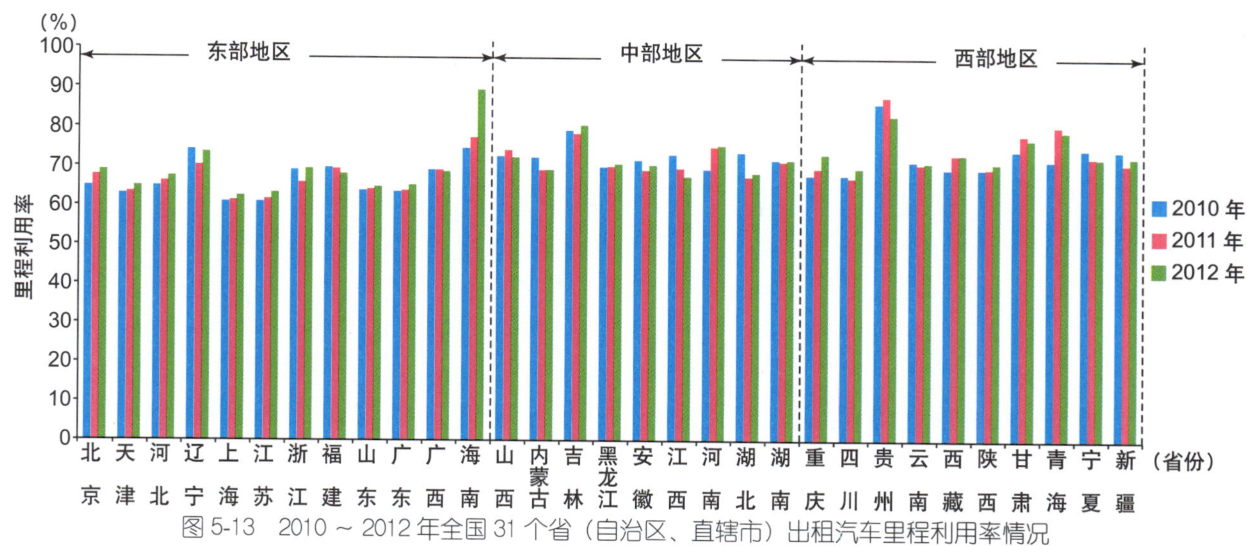

图 5-13　2010 ~ 2012 年全国 31 个省（自治区、直辖市）出租汽车里程利用率情况

注：数据来源于《城市（县城）客运统计》。

截至 2012 年年底，全国 36 个中心城市中有 16 个城市的出租汽车里程利用率超过全国平均水平，其中出租汽车里程利用率最高的是大连，为 90.0%，其次为兰州 89.6%，第三为海口 88.6%，见图 5-14。

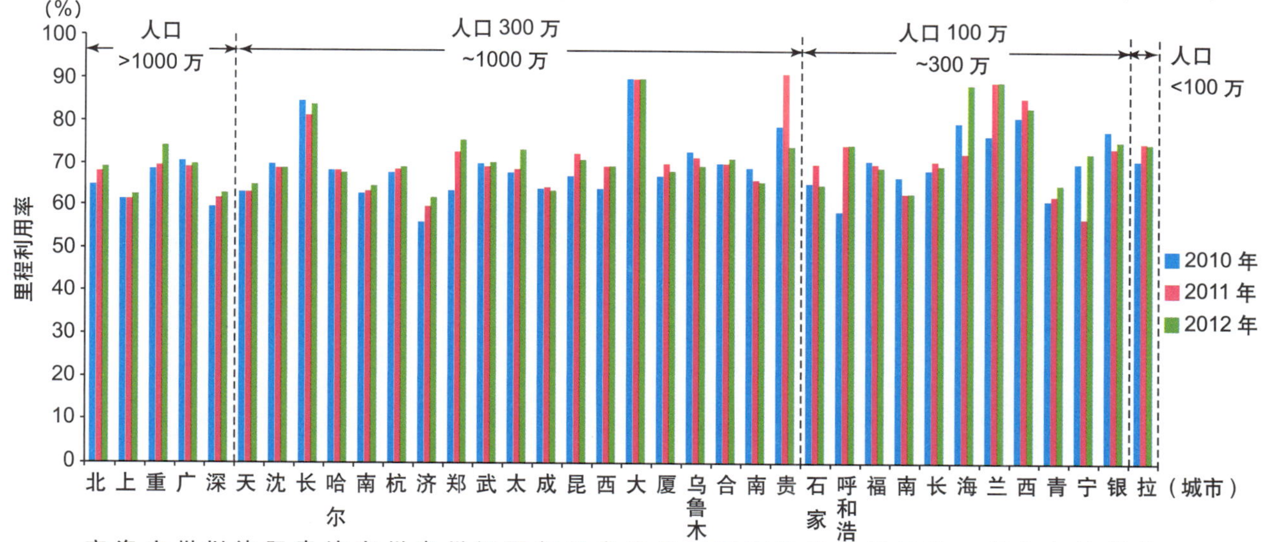

图 5-14　2010 ~ 2012 年全国 36 个中心城市出租汽车里程利用率情况

注：数据来源于《城市（县城）客运统计》。

5.4　行业管理

2012 年，各级政府部门在加快政府职能转变、创新行业管理服务方式等方面做出了积极努力和大胆探索，突出体现在出租汽车行业和谐劳动关系创建活动与出租汽车行业相关法规政策制定与贯彻实施等方面。

1　出租汽车行业和谐劳动关系创建活动

2012 年 1 月 5 日，交通运输部联合人力资源和社会保障部、全国总工会印发了《关于在出租汽车行业开展和谐劳动关系创建活动的通知》(交运发〔2012〕13号),启动了全国出租汽车行业开展和谐劳动关系创建活动,提出了9项措施规范企业劳动关系、保障驾驶员权益,旨在通过在出租汽车行业开展和谐劳动关系创建活动,推动出租汽车行业建立现代企业制度,全面贯彻落实劳动保障法规和政策,规范企业经营和用工管理,加强企业党、团、工会组织和企业文化建设,广泛开展关爱驾驶员活动,维护驾驶员合法权益,促进企业健康发展,推动形成规范有序、公平合理、互利共赢、和谐稳定的出租汽车行业劳动关系。三部门还分别赴河南、湖北、甘肃、新疆、江苏和浙江等6省(自治区)14个城市进行调研督导,深入了解各地各部门开展创建活动的基本情况、主要工作、典型问题以及创新做法。

2012年6月20日,交通运输部在湖北十堰组织召开了全国出租汽车行业和谐劳动关系创建活动推进会,进一步统一思想认识,明确任务目标,推动活动深入开展。活动得到了全国出租汽车行业的积极响应并取得显著成果,涌现出江苏等创建工作先进典型。

专栏5-1　江苏省出租汽车行业和谐劳动关系开展情况

1. 加快出租汽车行业法规体系建设

江苏省政府将《江苏省出租汽车管理办法》纳入2012年政府规章立法工作计划,江苏省交通运输厅专门组织研究并拟定了《关于规范发展我省出租汽车行业的若干意见》,将《江苏省出租汽车服务规范》列入了省地方标准计划,2012年7月《江苏省出租汽车服务质量信誉考核办法》正式印发实施。

2. 探索出租汽车行业管理新思路

一是建立联席会议工作制度。建立了全省城市客运工作联席会议制度,全省13个省辖市也全部建成城市客运工作联席会议制度。二是引导各地出租汽车规范发展。以服务质量招投标方式投放新增出租汽车,新增出租汽车一律实行公司化经营,经营权有期限使用;积极尝试对出租汽车经营权向无偿使用的模式转变。三是建立稳定隐患排查和研判机制。通过对全省出租汽车GPS营运数据的分析,掌握各地出租汽车经营动态,及时发现不稳定因素。四是探索实施出租汽车驾驶员休息制度。溧阳市积极探索出租汽车驾驶员轮休制度,规定每辆出租汽车每天营运15小时,实行两班倒,确保驾驶员有足够的休息时间。五是创新出租汽车运营模式。大力推广出租汽车电召服务,在全国率先推出专用电调出租汽车服务模式,并完全实施公司化员工制管理,实行真正的"公车公营"。

3. 关心维护出租汽车驾驶员的合法权益

为维护出租汽车行业的健康稳定,交通运输厅建立全省出租汽车行业突发事件应急处置工作机制,畅通驾驶员诉求渠道,及时出台措施帮助驾驶员解决困难,做好宣传解释。为应对成品油价格调整对出租汽车行业的影响,积极协调价格主管部门,建立和完善出租汽车油运价联动机制,指导各地及时启动油运价联动,保障驾驶员的合理收入。此外,各地还通过深化出租汽车行业文明创建,建立服务品牌车队和联络员制度,以开展各种爱心活动、免费体检、送温暖、节日慰问等形式关心驾驶员。

② 出租汽车行业相关法规政策制定与贯彻实施

一是交通运输部组织编写了《〈出租汽车服务质量信誉考核办法(试行)〉释义》、《〈出租汽车驾驶员从业资格管理规定〉释义》,举办了出租汽车新法规政策宣贯培训班,对各地正确理解、执行新出台的出租汽车行业法规政策,做好服务质量信誉考核工作与从业人员规范化管理工作起到指导作用。二是组织完成了国家标准《出租汽车运营服务规范》的修订工作,已报国家标准化管理委员会待批准颁布实施。该项国家标准的实施,将对提升行业服务水平产生重要促进作用。

专题篇

SPECIFIC TOPICS

第六章　公交优先政策

2012年，国家进一步加大对城市公共交通发展的支持力度，出台了优先发展城市公共交通的指导意见，对城市优先发展公共交通作出了总体要求和部署，指导和推动城市公共交通优先发展。

6.1　国务院出台城市优先发展公共交通的指导意见

2012年12月，国务院发布《国务院关于城市优先发展公共交通的指导意见》，针对我国城市公共交通发展面临的新形势、新要求，从树立优先发展理念、把握科学发展原则、明确总体发展目标、实施加快发展政策和建立持续发展机制5个方面提出了全面的指导意见，实现了多方面的政策和制度创新。这是新中国成立以来国务院首次印发的关于优先发展公共交通的综合性政策文件，是推动实施城市公共交通优先发展战略的重要纲领，对于推动城市公共交通持续快速发展具有里程碑意义，标志着我国城市公共交通发展进入了新的历史时期。

1　发展理念

深入贯彻落实科学发展观，加快转变城市交通发展方式，突出城市公共交通的公益属性，将公共交通发展放在城市交通发展的首要位置，着力提升城市公共交通保障水平。在规划布局、设施建设、技术装备、运营服务等方面，明确公共交通发展目标，落实保障措施，创新体制机制，形成城市公共交通优先发展的新格局。

2　发展原则

一是方便群众，二是综合衔接，三是绿色发展，四是因地制宜。

3　发展目标

通过提高运输能力、提升服务水平、增强公共交通竞争力和吸引力，构建以公共交通为主的城市机动化出行系统，同时改善步行、自行车出行条件。要发展多种形式的大容量公共交通工具，建设综合交通枢纽，优化换乘中心功能和布局，提高站点覆盖率，提升公共交通出行分担比例，确立公共交通在城市交通中的主体地位。

科学研究确定城市公共交通模式，根据城市实际发展需要，合理规划建设以公共汽电车为主体的地面公共交通系统，包括快速公共汽车、现代有轨电车等大容量地面公共交通系统，有条件的特大城市、大城市有序推进轨道交通系统建设。提高城市公共交通车辆的保有水平和公共汽电车平均运营时速，大城市要基本实现中心城区公共交通站点500米全覆盖，公共交通占机动化出行比例达到60%左右。

4　发展政策

强化规划调控。要强化城市总体规划对城市发展建设的综合调控，统筹城市发展布局、功能分区、用地配置和交通发展，倡导公共交通支撑和引导城市发展的规划模式，科学制定城市综合交通规划和公共交通规划。

加快基础设施建设。科学有序发展城市轨道交通，积极发展大容量地面公共交通，加快调度中心、停车场、保养场、首末站以及停靠站的建设，提高公共汽电车的进场率。推进换乘枢纽、步行道、自行车道以及公共停车场等配套服务设施建设。鼓励新能源公共交通车辆应用，加快老旧车辆更新淘汰，保障公共交通运营设备的更新和维护，提高整体运输能力。

加强公共交通用地综合开发。对新建公共交通设施用地的地上、地下空间，按照市场化原则实施土地综合开发。对现有公共交通设施用地，支持原土地使用者在符合规划且不改变用途的前提下进行立体开发。公共交通用地综合开发的收益用于公共交通基础设施建设和弥补运营亏损。

加大政府投入。城市人民政府要将公共交通发展资金纳入公共财政体系，重点增加对大容量公共交通、综合交通枢纽、场站建设以及车辆设备购置和更新的投入。

拓宽投资渠道。推进公共交通投融资体制改革，进一步发挥市场机制的作用。支持公共交通企业利用优质存量资产，通过特许经营、战略投资、信托投资、股权融资等多种形式，吸引和鼓励社会资金参与公共交通基础设施建设和运营。

保障公共交通路权优先。增加公共交通优先车道，扩大信号优先范围，逐步形成公共交通优先通行网络。集约利用城市道路资源，允许机场巴士、校车、班车使用公共交通优先车道。

鼓励智能交通发展。重点建设公众出行信息服务系统、车辆运营调度管理系统、安全监控系统和应急处置系统。“十二五”期间，进一步完善城市公共交通移动支付体系建设，全面推广普及城市公共交通一卡通。

5 发展机制

完善价格补贴机制。根据服务质量、运输距离以及各种公共交通换乘方式等因素，建立多层次、差别化的价格体系，增强公共交通吸引力。合理界定补贴补偿范围，对实行低票价、减免票、承担政府指令性任务等形成的政策性亏损进行补贴。建立公共交通企业职工工资收入正常增长机制。

健全技术标准体系。修订和完善公共交通基础设施的建设标准；规范轨道交通、公共汽电车等装备的产品标准；建立新能源车辆性能检验等技术标准；制定公共交通运营的服务标准，构建服务质量评价指标体系；研究公共交通技术政策，明确技术发展方向。

推行交通综合管理。综合运用法律、经济、行政等手段，有效调控、合理引导个体机动化交通需求。在特大城市尝试实施不同区域、不同类型停车场差异化收费以及建设驻车换乘系统等需求管理措施，加强停车设施规划建设及管理。发展中小学校车服务系统，加强校车资质管理，制定校车安全和服务标准。

健全安全管理制度。强化安全第一、质量为本的理念。城市人民政府要切实加强对公共交通的安全监管，完善安全标准体系，健全安全管理制度，落实监管责任，加大安全投入，制订应急预案。重大公共交通项目建设要严格执行法定程序和工程标准，保证工期合理，加强验收管理。规范技术和产品标准，构建服务质量评价指标体系。要高度重视轨道交通的建设与运营安全，强化风险评估与防控，完善轨道交通工程验收和试运营审核及第三方安全评估制度。

规范重大决策程序。规范城市人民政府公共交通重大决策程序，实行线网规划编制公示制度和运营价格听证制度。建立城市公共交通运营成本和服务质量信息公开制度，加强社会监督。

建立绩效评价制度。加快建立健全城市公共交通发展绩效评价制度，国务院有关部门研究制定评价办法，定期对全国重点城市公共交通发展水平进行绩效评价。各城市要通过公众参与、专家咨询等多种方式，对公共交通企业服务质量和运营安全进行定期评价，并将评价结果作为衡量公共交通企业运营绩效、发放政府补贴的重要依据。

6.2　国务院研究部署城市优先发展公共交通

2012 年 10 月 10 日，国务院第 219 次常务会议研究部署城市优先发展公共交通。会议指出，目前我国城市公共交通发展远远不能适应经济社会发展和人民群众出行需要，多数城市公共交通出行比例偏低，为从根本上缓解交通拥堵、出行不便、环境污染等矛盾，必须树立公共交通优先发展理念，将公共交通放在城市交通发展的首要位置。要按照方便群众、综合衔接、绿色发展、因地制宜的原则，加快构建以公共交通为主，由轨道交通网络、公共汽车、有轨电车等组成的城市机动化出行系统，同时改善步行、自行车出行条件。

会议确定了优先发展公共交通的 8 项重点任务：

（1）强化规划调控。城市控制性详细规划要与城市综合交通体系规划和公共交通规划相互衔接。城市综合交通体系规划应明确公共交通优先发展原则。城市公共交通规划要科学布局线网，优化节点设置，促进城市内外交通便利衔接和城乡公共交通一体化发展。

（2）加快基础设施建设。提升公共交通设施、装备水平，提高公共交通舒适性。加快调度中心、停车场、保养场、首末站以及停靠站建设。推进换乘枢纽及步行道、自行车道、公共停车场等配套设施建设，将其纳入旧城改造和新城建设规划。

（3）加强公共交通用地综合开发。对新建公共交通设施用地的地上、地下空间，按照市场化原则实施土地综合开发，收益用于公共交通基础设施建设和弥补运营亏损。

（4）加大政府投入。城市政府要将公共交通发展资金纳入公共财政体系。“十二五”期间，对城市公共交通企业实行税收优惠政策，落实对城市公共交通行业的成品油价格补贴政策，对城市轨道交通经营企业实行电价优惠。

（5）拓宽投资渠道。通过特许经营、战略投资、信托投资、股权融资等多种形式，吸引和鼓励社会资金参与公共交通基础设施建设和运营。

（6）保障公共交通路权优先。增加划设城市公共交通优先车道，扩大信号优先范围。允许机场巴士、校车、班车使用公共交通优先车道。加强公共交通优先车道的监控和管理。

（7）健全安全管理制度，落实监管责任，切实加强安全监管。规范技术和产品标准，构建服务质量评价指标体系。完善轨道交通工程验收和试运营审核及第三方安全评估制度。

（8）规范公共交通重大决策程序，实行线网规划编制公示制度和运营价格听证制度。建立城市公共交通运营成本和服务质量信息公开制度。

6.3　交通运输部召开全国城市公共交通工作会议

为贯彻落实党中央、国务院关于城市公共交通发展的重要指示和国务院第 219 次常务会议精神，明确公共交通发展目标和工作重点，推动公交优先发展战略全面实施，2012 年 10 月 29 日，交通运输部在深圳召开全国城市公共交通工作会议。交通运输部杨传堂部长和冯正霖副部长出席会议并讲话。

杨传堂在讲话中强调，一是要深刻认识优先发展城市公共交通的重大意义。优先发展城市公共交通是践行执政为民理念、保障人民群众基本出行的迫切需要，是加快转变经济发展方式、推进生态文明建设的迫切需要，也是保障城市正常运转、提升城市综合竞争力的迫切需要。二是要全面推进实施城市公共交通优先发展战略。实施城市公共交通优先发展战略是关系全局的重大紧迫任务，要坚持规划先行，加大扶持力度，促进安全发展，加强队伍建设。三是要切实加强对优先发展城市公共交通的组织领导。切实增强责任感和紧迫感，把国家关于优先发展城市公共交通的决策部署落实到行动中，要坚持政府主导，形成工作合力；深化改革创新，完善体制机制；加强绩效考评，提高服务质量。

冯正霖指出，要进一步实施公共交通优先发展战略，充分发挥公共交通对城市发展的引领和带动作用，大力开展公交都市建设示范工程，让人民群众“出行更便捷、乘坐更舒适、换乘更方便”。一是继续坚持公交优先、政府主导、改革创新、因地制宜、可持续发展的基本理念，加快完善城市公交优先发展的政策措施。二是要充分发挥城市公交在城市规划布局中的引领作用、城市人民政府在公交优先发展中的主导作用、城市公交企业在公交优先发展中的主体作用。三是大力推进城市公共交通优先发展。完善法规政策体系，推动公交制度化、规范化发展；强化规划编制实施，发挥公共交通对城市发展的引领和带动作用；加快基础设施建设，提高公交服务保障能力；建设智能低碳公交系统，引导绿色低碳出行；加强运营服务管理，增强公交可持续发展能力；强化安全应急管理，提高安全防范水平；落实财税扶持政策，改善公交发展的外部环境；实施公交都市建设示范工程，增强公交引领城市发展的能力。

第七章　公交都市创建

7.1　现状

2012 年，交通运输部继续加大公交都市创建工作的推进力度，各省（自治区、直辖市）和城市人民政府及有关部门高度重视，积极出台相关政策措施，有力地推动了公交都市创建工作的顺利实施。

经有关城市人民政府申请、省级交通运输主管部门推荐和专家评审，交通运输部于 2012 年 10 月正式公布了北京、石家庄、太原、大连、哈尔滨、南京、济南、郑州、武汉、长沙、深圳、重庆、昆明、西安、乌鲁木齐共 15 个城市为第一批公交都市创建城市。结合公交都市创建工作，交通运输部组织开展城市公共交通智能化应用示范工程。2012 年 9 月，交通运输部办公厅印发了通知，决定在郑州、重庆、大连、深圳、北京、济南、西安、哈尔滨、长沙、南京 10 个公交都市创建城市启动首批城市公共交通智能化应用示范工程建设，重点推进试点城市加快信息技术在公共交通领域的应用，规范公交行业管理、改进运营调度和监管模式、增强行业决策与安全应急指挥能力。

7.2　地方实践

1　深圳

（1）发布《深圳市城市交通白皮书》。2012 年 5 月，深圳市人民政府正式发布《深圳市城市交通白皮书》(以下简称《白皮书》)。《白皮书》明确了深圳市城市交通发展战略，提出了一系列重大政策措施，对促进深圳市交通运输体系的健康快速发展具有重要意义。《白皮书》提出，深圳市交通发展的目标是建设全球性物流枢纽城市，打造国际水准公交都市，构建国际化、现代化、一体化的综合交通运输体系，并提出以《深圳市国民经济和社会发展第十二个五年规划纲要》为统领，实施枢纽城市、公交都市、需求调控和品质交通四大核心交通战略。

（2）完善公交都市创建实施方案。深圳市进一步完善公交都市创建工作实施方案，把创建公交都市作为城市发展战略之一，并纳入《深圳市国民经济和社会发展第十二个五年规划纲要》。2012 年，深圳市采取“优先发展公交”、“挖掘设施潜力”、“增加设施供应”、“调控交通需求”等 4 大类、24 条主要措施缓解交通拥堵，并坚持建设轨道交通、升级公交服务、引导车辆使用等 10 个方面的策略，以国际化、现代化、一体化为理念建设国际水准的公交都市。

（3）加快建设一体化公共交通体系。深圳市进一步加大城市轨道交通、城市客运枢纽、公交专用车道等基础设施的建设力度，加快完善城市公共交通服务网络，提高城市公共交通系统整体服务能力。2012 年，深圳市新建新型公交候车亭 500 余座。截至 2012 年年底，深圳已开通 5 条轨道交通线路，运营线路长度 177 公里；公共汽电车运营线路 854 条，运营车辆 14546 辆，公交专用车道里程达 612 公里，城市公共交通服务力显著增强。

（4）推广应用新能源公交车辆。推进低碳交通体系建设是深圳市公交都市创建工作实施方案中确定的重点行动计划之一。截至 2012 年，深圳市新能源公共汽电车运营车辆达 2075 辆，成为全国新能源公交车普及率最高的城市之一，并初步建成覆盖全城的新能源汽车配套设施网络。

2 北京

(1)出台《北京市人民政府关于建设公交城市提升公共交通服务能力的意见》。2012 年 6 月,《北京市人民政府关于建设公交城市提升公共交通服务能力的意见》(京政发〔2012〕19 号)(以下简称《意见》)发布,《意见》在总结分析 2006 年以来北京市公共交通发展实践的基础上,强调发展公共交通必须进一步坚持“两定四优先”的总体思路,明确了提高公共交通快捷性、通达性和便利性,满足市民基本出行需求,做到地面公交与轨道交通衔接顺畅、换乘方便,实现适当兼顾多样化公交出行需求的现代化公共交通体系总体目标;确定了编制专项规划、优化公交线网、加快设施建设、提高科技信息化水平、提高公共交通运营效率和服务水平 5 项重点任务;提出了“严格落实公交用地优先、切实保障公交路权优先、继续保持投资安排优先、继续坚持财税扶持优先”4 方面的政策保障,并对相关部门的职责分工进行了明确,为进一步推进城市公共交通优先发展,提升公交服务水平提供了重要保障。

(2)持续优化调整地面公交线网。北京市坚持市区减少重复、边缘扩大覆盖的原则,按照建立以快线网为骨架、普线网为基础、支线网为补充的地面公交三级线网的思路,持续开展线网优化调整工作。2012 年 6 月,发布了《北京市人民政府办公厅关于印发北京市优化调整地面公交线网 2012 年工作方案的通知》(京政办发〔2012〕32 号),提出实施公交线网“提速度、增覆盖、减重复、重接驳、多样化”工程的具体工作方案,并成立由市政府分管副市长任组长的“市优化调整地面公交线网工作推进小组”,进一步加大了地面公交线网优化调整工作的协调推进力度。

(3)加强轨道交通建设和运营管理。2012 年,新开通了 6 号线、8 号线南段、9 号线北段和 10 号线二期等 4 条轨道交通新线。截至 2012 年年底,北京市轨道交通运营线路长度达到 442 公里。同时,北京市加强科技创新和运营管理,缩短轨道交通线路运营间隔,扩大列车编组,有效提高了轨道交通的运输能力。

(4)加强城市公共交通信息服务。2012 年,北京市交通委员会、北京市经济和信息化委员会等单位联合推出了公共交通行人导航服务,通过手机应用客户端查询、网站查询等方式,为市民提供公交换乘、规划步行路线、精准定位目的地等人性化的出行信息服务。

3 济南

(1)完善公交都市创建实施方案。围绕公交都市创建目标,进一步完善包括“十大工程”在内的实施方案。一是交通规划先导工程。健全城市交通规划体系,保障公共交通规划用地。二是路网结构调整工程。建设“高快一体”的快速路网,优化主、次、支道路网结构,实施道路及交叉口改造工程,构建城市公交专用道网络。三是公交走廊优化工程。建设地面公共交通走廊,实施现代无轨电车复兴工程,提升现有快速公交(BRT)走廊服务能力,适时启动轨道交通建设。四是枢纽场站支撑工程。建设综合交通枢纽,完善公交基础设施,实施公共交通用地综合开发,落实公共交通设施配建标准。五是车辆装备更新工程。优化公交车辆结构,提高车辆装备水平。六是常规公交升级工程。制订公交线网优化年度实施方案,完善城乡客运一体化法规和标准规范体系。七是慢行环境改善工程。建设完善中心城区慢行系统设施,优化步行和自行车过街设施。八是智能交通建设工程。建立城市交通综合信息平台,建设公众出行信息服务系统,开展“智慧公交”系统建设。九是交通管理提升工程。健全城市交通发展的政策法规体系,建立交通影响评价制度,有效调控和合理引导小汽车的拥有和使用。十是企业管理创新工程,优化公交管理运营模式,提高城市公交车辆运营调度水平,提升公交系统的可靠性。

(2)完善政策法规。一是研究推进公交都市创建工作的配套支持政策。由市政府牵头,系统研究制定推进公交都市创建的政策措施,确立公共交通的社会公益性定位,确定公交都市创建目标、重点任务及保障措施等,建立由交通运输、发展改革、财政、国土、建设、公安等有关部门共同参与的公交都市创建工作推进机制。二是修订《济南市城市公共交通条例》，对城市公共交通的规划建设、经营权管理、运营服务、行业监管等做出制度性规定，为公共交通的规范发展提供法制保障。

（3）强化规划引领。济南市全面启动各项规划的编制工作，统筹全市交通发展，并注重与城市用地紧密结合。相继完成了城市道路网规划方案初稿编写、《济泰国家公路运输枢纽总体布局规划》修编和《济南市交通运输"十二五"发展规划》中期评估工作，启动了《济南市城市公共交通规划》、《济南市综合交通体系规划》、《济南市中运量公共交通系统发展规划》、《济南市无轨电车系统发展规划》和《南部生态经济区道路交通规划》的编制工作。

7.3 工作重点

为加快推进公交都市创建工作，需要从战略和全局的高度，进一步创新工作思路，完善保障措施。下一步，应重点做好以下工作：

一、贯彻落实《国务院关于城市优先发展公共交通的指导意见》

研究出台贯彻落实《国务院关于城市优先发展公共交通的指导意见》的实施意见，围绕交通运输部门职责，立足于以城市人民政府为优先发展公共交通的责任主体，对各级交通运输主管部门贯彻落实国务院指导意见，推进公共交通优先发展提出指导性意见，明确下一步推进城市公交优先发展的总体要求、主要任务、保障措施等，完善公交优先发展的综合支持政策，加强对各地公共交通发展的指导，为推进公交都市创建工作顺利实施、落实公交优先发展战略创造条件。

二、进一步完善创建工作实施方案

指导各地结合当地实际和城市公共交通发展的新形势，加强调查研究，进一步完善公交都市创建工作实施方案，明确建设目标、建设重点、保障措施、投资预算、融资方案、进度安排、市政府有关部门的职责分工等内容，确保任务落实。

三、完善创建工作推进机制

研究制定公交都市创建工作支持政策，完善法规制度和标准规范，加强指导和支持力度，形成部、省、市协调配合的创建工作局面，充分发挥城市政府的创建主体作用和部、省的引导作用，加大创建工作推进力度。

四、建立创建工作监督检查机制

研究制定公交都市创建评价指标体系，建立创建城市年度实施情况动态监督和考评制度，对各创建城市创建工作进展情况进行检查和考评。督促各地建立创建工作情况自查制度和年度报告制度，根据创建目标对创建工作进行定期审查，确保创建工作取得实效。

第八章　城市客运标准化

8.1 现状

加快城市客运标准化建设是推进行业服务升级，满足人民群众出行需求的重要保障，是规范和加强城市客运行业管理工作的迫切需要，是推动行业发展转型的重要抓手。经过多年发展，我国城市客运行业标准体系建设取得了明显成效，标准规范体系框架基本建立。但是，由于历史和体制的原因，总体上看，目前我国城市客运标准化工作相对比较滞后，还不能适应新形势下城市客运发展的需要，主要体现在：一是标准体系不健全。一些行业管理的关键环节，如公交服务监管、政府补贴、节能环保、安全应急等方面的标准比较缺乏。二是标准维护不及时，时效性和适应性差，标龄长、标准老化问题较为普遍。三是标准体系建设与行业发展不协调，关于运营服务和管理方面的标准相对缺乏。交通运输部积极推进城市客运标准化工作，筹建全国城市客运标准化技术委员会，组织编制行业急需的标准规范，推进城市客运规范化发展。

一、成立全国城市客运标准化技术委员会

2012 年 4 月经国家标准化管理委员会批准，交通运输部成立了“全国城市客运标准化技术委员会”（以下简称“城市客标委”），秘书处设在交通运输部科学研究院。

城市客标委工作范围为公共汽电车、城市轨道交通、出租汽车、汽车租赁、城市客运轮渡及水上旅游、城市客运枢纽和其他客运附属服务设施等领域。城市客标委的职责是组织拟定城市客运标准发展规划，编制《城市客运标准体系表》；组织城市客运标准的计划、预研、立项、编制、审查、报批；负责本专业领域国家标准和行业标准的宣贯与解释工作；开展国际标准化组织相应技术委员会国内对口技术业务工作。城市客标委下设公共汽电车专业工作组、城市轨道交通专业工作组、出租汽车专业工作组和综合专业工作组 4 个专业工作组。2012 年 7 月 20 日，城市客标委成立大会暨第一届一次工作会议在山东省青岛市召开。

二、研究制定城市客运标准体系框架

为加快完善城市客运标准规范体系，城市客标委组织有关专家加快研究编制《城市客运标准体系表》。《城市客运标准体系表》以适应经济社会发展和人民群众出行需求、规范城市客运行业管理、促进行业技术进步为目的，综合考虑行业发展重点，将城市客运标准分为基础类标准、专业类标准、综合管理类标准及相关标准 4 大类，初步确定了城市客运行业的国家标准和行业标准约 140 项。

三、加快推进标准规范制修订工作

当前我国城市轨道交通发展迅速，部分城市轨道交通已进入网络化运营阶段，为规范轨道交通运营管理、保障运营安全，2012 年，城市客标委组织编制完成了《城市轨道交通试运营基本条件》、《城市轨道交通运营管理规范》国家标准的送审稿。为规范出租汽车行业发展，提升服务水平，城市客标委组织编制了《出租汽车运营服务规范》国家标准。此外，城市客标委还组织开展了《城市公共交通发展水平评价指标》、《城市公共交通场站分类及等级划分》、《城市公共汽电车安全运营与服务规范》等行业发展急需标准的前期研究。

8.2 地方实践

1 北京

北京市将城市客运标准化作为交通运输行业管理的重点工作，采取了多项有效措施：

（1）加强规划编制，完善标准体系。北京市交通委员会组织编制了《北京市“十二五”交通标准化发展规划》，全面梳理了交通领域国家标准、行业标准和本市地方标准，明确了今后一段时期内标准化工作思路、任务和工作要求，为完善包括城市客运在内的交通运输标准体系打下了良好的基础。

（2）成立北京市交通标准化技术委员会。2012 年 3 月，北京市成立了北京市交通标准化技术委员会，以充分发挥行业专家在标准编制、标准咨询服务、标准实施评审等方面的技术支撑作用。同时，北京市还开通交通标准化网站，为行业管理部门、技术人员和社会公众提供交通标准查询、制修订信息等服务，扩大了交通标准化工作的影响力。

（3）完善制度保障，提高标准制修订质量。2012 年，北京市交通委员会在《北京市交通委员会交通标准化工作规则》基础上，制定了《标准调研项目管理试行办法》、《标准评估项目管理试行办法》等配套规定，初步形成一套系统的标准化工作管理规范，并逐步形成了贯穿标准立项、制修订、实施、效果反馈等各环节的工作制度。在标准立项方面，强调标准立项内容必须具备实践基础；在标准制修订质量管理方面，通过“专家把关”、“行政把关”和“社会把关”，确保标准的先进性和可操作性；在标准实施方面，积极开展标准跟踪评估，通过建立检测、认证、考核、评价等工作运行机制，并采取必要的行政措施推动标准落到实处。

（4）强化标准制修订工作。在《北京市“十二五”交通标准化发展规划》的指导下，北京市以全面提高交通设施承载能力、运输效率和服务水平为核心，在坚持推广国家标准、行业标准应用的基础上，加快了地方标准的制修订步伐。截至 2012 年，北京市共完成《城市轨道交通线路客流预测规范》（DB11/T 786—2011）、《城市道路交通运行评价指标体系》（DB11/T 785—2011）、《综合客运枢纽智能化系统技术要求》（DB11/T 886—2012）等 52 项地方标准的制修订工作。

（5）发挥评估作用，开展标准化示范工程建设。北京市对于发布实施满 5 年的标准引入评估机制，对标准的实施效果进行评估论证，为标准的修订工作提供了重要参考。同时，北京市交通委员会以《公共交通客运标志》系列标准为试点，实施第三方评估工作，取得良好效果。2012 年上半年，北京市完成了《北京市交通领域标准化试点研究》，重点总结了城市客运，特别是公共交通行业“十一五”期间实施标准化战略取得的成绩，分析了存在的问题，为进一步提高城市客运标准化工作质量，规范行业管理提供了重要依据。

2 重庆

为完善公共汽电车客运运营与管理体制，加强城市公共交通运营服务管理，促进城市公共交通现代化、科学化、规范化发展。重庆市道路运输管理局开展了《重庆市城市公共交通汽车客运标准研究》，对公共汽电车的引用标准、术语和定义、企业经营管理、安全管理、车辆管理、人员条件、客运服务、运营设施等 8 个方面的标准和规范进行了研究论证，该成果在规范公交运营标准、提升服务质量方面起到了积极作用。

3 福建

2012 年，福建省运输管理局开展了《福建省城市公交综合车场规划建设要求与标准化推荐方案》（以下简称《方案》)研究，《方案》在实地考察和分析总结典型城市公交综合车场案例的基础上，结合福建省实际情况，对城市公交综合车场的定义和分类、建设规模与选址、功能需求与总平面设计及设施要求等进行了详细阐述，体现了城市公交综合车场规划、建设和管理的需求，有利于提升全省城市公交综合车场的服务水平和整体形象，促进了城市公交综合车场规划建设的规范化、标准化，具有较强的创新性、实用性，对指导福建省城市公交综合车场规划建设具有重要的作用。

8.3 工作重点

新时期我国城市客运行业发展必须坚持以法律法规为依据，以标准规范为引领，为行业发展提供有力支撑。《国务院关于城市优先发展公共交通的指导意见》提出:“健全技术标准体系。修订和完善公共交通基础设施的建设标准；规范轨道交通、公共汽电车等装备的产品标准；建立新能源车辆性能检验等技术标准；制定公共交通运营的服务标准，构建服务质量评价指标体系”。城市客运标准化工作重点主要包括：

一、研究确定城市客运标准制修订项目计划

当前，要按照《国务院关于城市优先发展公共交通的指导意见》、《交通运输“十二五”发展规划》及有关要求，紧密结合城市客运行业特点和发展形势，组织城市客运标委会研究编制 2013 ~ 2015 年城市客运重点标准制修订项目计划，明确急需制修订的具体标准项目，并落实研究机构和经费等方面的工作条件，以加快城市客运标准制修订进程，提高城市客运标准质量。

二、加快研究制定一批行业急需的重点标准

为贯彻落实《国务院关于城市优先发展公共交通的指导意见》，并为公交都市创建等工作提供支撑，结合当前城市客运行业管理工作的实际需求，城市客标委将组织编制《城市公共交通发展水平评价指标体系》、《公共交通 IC 卡互联互通技术要求》、《城市公共交通场站分类及等级划分》、《快速公交（BRT）建设及运营管理规范》、《城市公共汽电车企业服务质量评价指标》、《城市轨道交通企业服务质量评价指标》等一系列重要标准。同时，将加快组织开展《城市建设项目交通影响评价规范》、《城市公共汽电车企业运营成本测算规范》、《城市轨道交通安全评价规范》等标准的前期研究。

三、加快标准转化工作

随着我国经济社会和城市客运行业的快速发展，部分标龄过长的城市客运标准已不适应当前城市客运发展的实际需要，亟待转化。应加快研究提出现有城市客运标准的转化方案，加快标准的转化工作，以满足当前城市客运行业管理和服务的需要。

四、加强标准的宣贯工作

加强城市客运标准实施的宣贯和培训工作，重点配合《城市轨道交通试运营基本条件》、《城市轨道交通运营管理规范》、《出租汽车运营服务规范》等标准的发布实施，制订具体的标准宣贯方案，通过新闻媒体宣传、举办培训班等多种形式开展标准的宣贯工作，提高标准的实施效果。

第九章　城市客运信息化

9.1 现状

城市客运信息化是规范城市客运行业管理、提高运营调度和行业监管等工作效率、提升城市客运服务水平和安全应急能力的重要手段。随着人民群众出行需求的多样化，人们对城市客运服务品质的要求越来越高，对改进城市客运管理手段、提高运营效率提出了更高的要求。2012 年，一批示范效果良好的城市客运信息化项目和工程顺利实施，有效推进了城市客运行业信息化水平的提升。

一、“城市公共交通智能化应用示范工程”正式启动

2012 年 9 月，交通运输部办公厅印发《交通运输部办公厅关于申报城市公共交通智能化应用示范工程建设项目的通知》（厅运字〔2012〕210 号），明确在郑州、重庆、大连、深圳、北京、济南、西安、哈尔滨、长沙、南京等 10 个公交都市创建城市开展城市公共交通智能化应用示范工程建设。通过示范工程，重点支持公共交通信息化应用系统建设、相关支撑系统建设、数据资源与交换系统建设，以及相关标准规范的制修订等工作。

二、“城市出租汽车服务管理信息系统试点工程”有序推进

在第一批 15 个“城市出租汽车服务管理信息系统试点工程”试点城市的基础上，确定天津、河北廊坊、吉林长春、江苏南通、福建福州、江西赣州、山东青岛、湖北十堰、湖南株洲、广东佛山、广西南宁、海南三亚、四川绵阳、贵州遵义、宁夏吴忠等 15 个城市，作为第二批“城市出租汽车服务管理信息系统试点工程”试点城市。

三、城市综合客运枢纽信息系统建设与示范工程成效明显

为提高城市综合客运枢纽信息化水平，交通运输部组织开展了“城市综合客运枢纽信息系统建设与示范应用”项目，结合城市综合客运枢纽信息化现状及发展趋势，提出了综合客运枢纽信息系统框架、旅客综合信息服务与动态诱导控制系统的技术要求，明确了枢纽内不同交通方式的运营实体、行业管理部门间数据共享指标体系及共享机制。北京四惠枢纽、南京南站、成都东站等综合客运枢纽的信息化建设初见成效，大大方便了乘客出行。

四、城市公交电子支付卡互联互通工作稳步实施

为方便社会公众跨区域乘坐公共交通工具，2012 年 11 月和 12 月，交通运输部办公厅分别复函江苏省交通运输厅、广东省交通运输厅，确定江苏、广东两省为城市公交电子支付卡互联互通试点省份，通过试点建设，研究建立城市公交清分结算平台、数据交换系统等配套支持系统，为下一步推进全国公交电子支付卡跨区域互联互通积累经验。

五、《交通运输行业智能交通发展战略（2012 ~ 2020 年）》正式发布

2012 年 7 月，“2012（第三届）智能运输大会暨智能运输系统技术与装备展览会”在北京举行。展览会围绕城市智能公交，城市公共交通一卡通支付以及智能交通发展的问题、趋势、应用及产业化等主题进行了深入研讨。会议当天发布了《交通运输行业智能交通发展战略（2012~2020 年）》，确立了未来我国交通运输行业智能交通发展目标、主要任务以及重点技术攻关领域等，为有序推进城市客运信息化建设提供了重要参考。

9.2 地方实践

2012 年，各地积极推进城市客运信息化建设，在城市客运枢纽智能化、公交运营调度智能化、出租汽车信息服务等方面取得了明显成效，为提高城市客运运营效率和服务品质发挥了重要作用。

1 北京

- **四惠交通枢纽智能化系统**

北京市四惠交通枢纽是交通运输部“综合客运枢纽建设试点工程”项目，于 2012 年 10 月投入试运营。该枢纽是北京市第一座涵盖省际长途客运换乘、实现公交集中智能调度指挥的大型综合客运枢纽，集城市轨道交通、长途客运、市区公交、市域公交、出租汽车、小汽车、自行车、步行等多种交通方式于一体。四惠交通枢纽配套综合信息系统具有强大的数据统计分析、信息共享与交换功能，可为行业管理部门提供客运换乘量等数据信息，为枢纽场站内的各运营管理单位提供实时客流、车辆班次等信息服务。在此基础上，北京公交集团公司建立了集运营调度指挥、电子信息发布、语音广播、网络通信、视频监控、车辆进出站识别、电子员工考勤 7 大功能模块于一体的公交集中智能调度指挥系统。

- **城市轨道交通指挥中心（TCC）**

为进一步加强信息共享和数据交换，提高线网运营调度水平，提高应急反应能力，北京市加强了城市轨道交通指挥中心（TCC）建设，强化了城市轨道交通线网的综合监视、多系统运营协调、应急指挥、信息共享等功能，对整个线网的行车组织进行统一管理、协调和调度。北京市轨道交通指挥中心（TCC）系统通过未来可接入 28 条线路同厅同台指挥的平台，实现了线路控制中心的“物理集中”；通过智能化综合信息系统管理平台，实现了城市轨道交通行车、调度、应急指挥信息的“信息集中”；通过将 15 条城市轨道交通线路控制中心与路网指挥调度中心集中设置，整合了各条线路行车、客流、视频图像等信息资源，实现了运营的“统一指挥、逐级负责、协调动作”。

2 郑州

2012 年 12 月，交通运输部对郑州市城市公共交通智能化应用示范工程可行性研究报告作出批复，确定郑州市城市公共交通智能化应用示范工程包括“一个中心，五大应用系统”，具体包括：

(1) 公共交通数据资源中心：整合公共交通管理与服务业务信息资源，建设涵盖地面公交、轨道交通、出租汽车、长途客运行业的企业、车辆、人员、线路等的基础数据库；建设线网优化、成本补贴核算、服务评价、能耗排放测算、安全统计分析、应急调度指挥、乘客信息服务等主题数据库；建设公共交通数据共享交换平台，实现相关单位部门间的数据交换与共享。

(2) 公共交通综合运行监测与预警系统：整合共享现有公共交通车辆卫星定位、场站视频监控、公共交通“一卡通”收费、长途客运售票信息资源，利用加装的公交车红外客流检测设备和改造的公交车投币机等车载终端，获取客流数据，实现对车辆运行动态、客流变化、场站运行状态、城市路网路况的实时监测与预警。

(3) 公共交通行业管理系统：实现行业数据管理、行政审批管理、行政执法和行政信息公开功能，满足管理部门对公共交通企业、线路、车辆、人员、信誉和执法的行政管理需要。

(4) 公共交通行业综合分析系统：整合共享车辆和客流运行状态、企业运营、行业管理等信息资源，实现满足管理决策部门需求的行业综合分析功能，为管理决策提供辅助支撑。

(5) 公共交通应急响应系统：通过应急资源管理、应急响应管理、应急事后评估、综合协同调度等功能，实现公共交通行业应急联动和处置。

（6）公共交通出行信息服务系统：依托数据资源中心，建设公共交通出行信息服务网；通过与电信运营商合作，统一地面公交、出租汽车、城市轨道交通、长途客运服务热线号码；建设手机应用服务和公共交通客运站点出行信息服务子系统，实现面向公众的多方式公交出行服务信息的发布。

3 宣城

2012 年 11 月，安徽省宣城市出租汽车服务管理信息系统试点工程通过初步验收。宣城市通过大范围安装车载终端，新建出租汽车数据资源中心、服务管理应用系统、软硬件支撑平台及相关配套工程，有效地提升了宣城市出租汽车服务和管理水平。

（1）车载终端。宣城市在市区约 1000 辆出租汽车上全部安装车载终端，主要包括计价器、服务评价器、车载摄像头、调度信息显示屏、LED 智能顶灯、IC 卡从业资格识别终端、RFID 标签等装置，可实现卫星定位、路线监控、无线通信传输、报警、运营数据采集等功能，满足乘客、驾驶员、行业管理部门、出租汽车企业的不同需求，提高了宣城市出租汽车服务管理水平，提升了城市形象。

（2）数据资源中心。通过升级完善主机存储、网络接入、数据交换、信息安全等软硬件设备，加强对信息资源的整合和基础数据的管理，建成统一的出租汽车行业基础信息数据库、面向业务应用的业务数据库以及基于综合运行分析和应用服务的主题数据库，初步建成出租汽车行业数据资源中心。

（3）服务管理应用系统。通过服务管理应用系统，行业主管部门和企业可及时了解出租汽车的收费、空驶率、工作时间、紧急状态、拒载、绕路、服务水平等情况，并通过数据分析获得出租汽车运营成本和盈利情况，为科学确定出租汽车价格和燃油补贴，合理控制出租汽车企业管理费，加强行业监管提供数据支持和监管手段。

9.3 工作重点

为进一步加强城市客运信息化，下一步应重点做好以下工作：

一、加快城市客运枢纽智能化建设

加强城市客运枢纽内多种运输方式间的信息交换与共享，力争在掌握各种运输方式间换乘信息提供方式上有所突破；进一步完善枢纽内多种方式的联动机制，在更多业务层面实现协同联动；完善数据中心与各应用系统建设，加强事件监控和数据挖掘，保证城市综合枢纽安全、有序运行。

二、加快城市公共交通智能化建设

根据“城市公共交通智能化应用示范工程”建设总体思路，紧密结合各城市的实际情况，进一步完善示范工程实施方案，加强公交智能化建设，涵盖公交运营调度、公交综合监控与应急指挥、公交行业管理、公交行业决策分析、公交出行信息服务等应用系统建设，加强试点过程的监督检查。

三、稳步推进出租汽车智能化建设

继续推进出租汽车服务管理信息系统试点工作及基础数据库建设，明确电召服务模式、服务收费标准、主管部门监管责任等。更新改造出租汽车智能车载终端设备，整合建设出租汽车电召服务和监控指挥中心，实现电召服务、监控调度、市场监管、运行分析等功能，提升出租汽车行业管理水平和服务水平。

四、加快城市客运信息化标准规范体系建设

城市客运信息化标准规范是推动城市公共交通信息化发展的基础和保障。以“城市公共交通智能化应用示范工程”建设为基础，总结经验，提炼一批涵盖智能终端、数据采集、通信协议、系统应用等领域的信息化标准规范，指导城市客运信息化科学、规范地发展。

第十章 城市交通拥堵治理

10.1 现状

随着城镇化和机动化进程的快速推进，交通拥堵已发展成为我国城市面临的一个突出问题，并由大中城市向中小城市蔓延，成为社会各界广泛关注的焦点之一。国家十分重视城市交通拥堵治理工作，提出“优先发展公共交通是缓解交通拥堵、转变城市交通发展方式、提升人民群众生活品质、提高政府基本公共服务水平的必然要求，是构建资源节约型、环境友好型社会的战略选择”，进一步强调要通过优先发展公共交通来缓解城市交通拥堵压力，为治理城市交通拥堵指明了方向。

为缓解不断加剧的城市交通拥堵压力，各地结合实际，因地制宜地采取了多种措施，取得了一定成效。北京、上海、广州、深圳等城市高度重视城市交通拥堵治理工作，通过优化城市空间布局、加大城市交通基础设施建设、优先发展城市公共交通、提升城市交通智能化水平、推行需求管理措施等综合性措施，增强交通保障和服务能力，缓解交通拥堵压力。

10.2 地方实践

① 广州

2012 年 2 月，广州市启动交通拥堵点治理工程，范围涵盖了广州市内 27 个重点路口及片区，包括对相关路口及片区进行交通标志标线施工，交通信号灯改造，交通管线迁改，道路交通优化施工等。交通拥堵点治理工程的实施，有效改善了广州市交通配套设施水平，为缓解中心城区交通拥堵提供了重要保障。

为实现中小客车数量合理、有序增长，有效缓解交通拥堵状况，2012 年 6 月，广州市发布了《关于广州市试行中小客车总量调控管理的通告》，同时配套出台了《广州市中小客车总量调控管理试行办法》，从有效解决城市拥堵、改善空气环境质量、优先发展公共交通三个方面制定了城市综合交通发展策略。《广州市中小客车总量调控管理试行办法》提出了“环保 + 摇号 + 竞价”的中小客车增量指标分配新模式，按照 1：5：4 的比例进行配置，即 1.2 万个新能源车增量指标和 6 万个普通车增量指标以摇号方式配置，4.8 万个普通车增量指标以竞价方式配置。

② 北京

2012 年 8 月，北京市发布了《北京市“十二五”时期交通发展建设规划》（以下简称《规划》），确立了以缓解城市交通拥堵为中心的指导思想，坚持标本兼治，通过扩大基础设施供给、挖掘基础设施潜力、提高路网设施服务水平，大力发展公共交通，规划到“十二五”末，使交通设施承载能力提高 20%，将中心城区路网拥堵指数控制在 7 左右。

《规划》提出，综合利用经济、法律、科技和必要的行政手段，强化交通需求管理，抑制机动车的过快增长和过度使用，努力缓解中心城区交通拥堵。一是继续实施机动车工作日高峰时段区域限行措施和黄标车限行规定。遇有恶劣天气、重大活动、重要节日等可能引发严重拥堵情况，适时采取重点交通拥堵路段、高峰时段机动车单双号行驶措施。二是提供多元化交通服务。积极发展中小学校车服务系统，鼓励单位开行班车，规范合乘。三是加强停车管理。按照“中心高于外围、路内高于路外、地上高于地下”的原则扩大差别化停车收费区域范围，制定停车收费政策等。

2012 年，北京市继续加快道路交通基础设施建设，提高城市交通承载能力。机动车摇号政策效果明显，2012 年全年新增机动车 21.7 万辆，2012 年平均月增量比 2010 年（6.58 万辆）减少了 4.77 万辆，降幅达到 72.5%。但是，鉴于北京城市交通拥堵问题的复杂性和长期性，北京交通拥堵治理工作仍然任重道远。

③ 深圳

2012 年 5 月，深圳市政府正式发布《深圳市城市交通发展白皮书》（以下简称《白皮书》），明确了深圳市城市交通发展战略，提出了一系列重大政策措施，对促进深圳市交通运输体系建设具有重要的指导意义。《白皮书》提出了开放、畅达、可靠、公平、安全和低碳 6 类交通发展指标，并在建立畅达交通发展指标中明确提出“持续缓解交通拥堵，提高交通运行水平。到 2015 年，中心城区和组团核心区路网高峰小时平均行程车速维持在 25~30 公里 / 小时，其他区域在 30 公里 / 小时以上”的治理交通拥堵具体目标。《白皮书》第一次系统地明确了新时期强化交通需求管理的一系列政策措施，按照平衡交通需求与供给的原则，提出通过设施供应、经济杠杆、行政管理和宣传倡导等综合手段，以新一轮停车发展政策为主要抓手，加强对机动车使用的引导与控制，缓解全市特别是中心城区的道路交通压力。

10.3　工作重点

治理城市交通拥堵应从优先发展城市公共交通、加强城市交通综合管理等方面采用综合措施。具体应重点做好以下几个方面的工作：

一、加强城市综合交通体系规划和建设

科学编制和严格实施城市综合交通体系规划，加强城市综合客运枢纽建设，促进城市、城际交通有效整合，充分发挥不同交通方式的比较优势，提高综合交通体系的组合效率。同时，应进一步加强城市公共交通规划的编制和实施，推进建立以公共交通为导向的城市发展模式，促进城市交通与土地利用的协调发展，充分发挥公共交通对城市发展的引领和带动作用。

二、提升城市公共交通服务品质

继续实施城市公共交通优先发展战略，进一步完善城市公共交通法规标准体系，强化政府主导地位，从城市规划、财税政策、用地供给、设施建设、道路通行等方面保障公共交通优先发展，提高车辆装备技术水平，大力推进枢纽场站等基础设施建设，加强智能公共交通系统应用，不断扩大城市公共交通服务覆盖范围，提高城市公共交通的服务能力和服务品质。

三、推进城市交通综合管理

指导各地结合城市实际情况和发展规划，综合运用经济、科技、法规和行政等手段，通过实施停车管理、拥堵收费以及实施错时上下班和弹性工作时间等措施，科学引导和调控交通需求的增长，调整交通需求在时间、空间和不同交通方式中的分配，提高交通资源的利用效率。建立城市建设项目交通影响评价制度，对大型建设项目，组织开展交通影响评价，实施交通影响分析、预测和评估，提出预防或减轻交通影响的设计方案、管理措施和公共交通设施配建要求。

第十一章　城市客运节能减排

11.1 现状

2012 年，交通运输部继续大力推进交通运输节能减排工作，多次召开节能减排工作领导小组会议，研究落实国务院节能减排工作部署、推进低碳交通运输体系建设城市试点、实施年度行业节能减排重点工作，有效推动了城市客运节能减排工作的实施。

一、完善交通运输节能减排工作方案

制定《交通运输行业应对气候变化行动方案》，提出交通运输行业近期和中期应对气候变化、减缓温室气体排放的战略目标、重点任务和政策措施。2012 年 9 月，交通运输部印发《交通运输行业“十二五”控制温室气体排放工作方案》（交政法发〔2012〕419 号），明确了公路运输、水路运输和城市客运三大领域“十二五”期间控制温室气体排放的主要目标和重点工作，提出城市客运单位人次 CO_2 排放比 2005 年下降 20%，其中城市公共交通单位人次 CO_2 排放比 2005 年下降 17% 的目标。

二、继续推进低碳交通运输体系试点工作

2012 年，深圳、杭州、天津等第一批 10 个低碳交通运输体系建设试点城市进一步完善试点实施方案，按计划推进试点项目实施，并定期进行总结和经验交流。北京、昆明、西安、宁波、广州、沈阳、哈尔滨、淮安、烟台、海口、成都、青岛、株洲、蚌埠、十堰、济源 16 个第二批低碳交通运输体系建设试点城市的实施方案通过评审。交通运输部批复了南昌“低碳交通城市”区域性项目管理试点方案，深化了“车、船、路、港”千家企业低碳交通运输专项行动等重点工作。此外，交通运输部还组织开展了 2012 年度交通运输节能减排专项资金支持项目申请和审核工作，其中，城市客运行业项目有 65 个，进一步加大了对城市客运节能减排的支持力度。

三、加快交通运输节能减排相关制度建设

一是完善交通运输节能减排专项资金管理制度，制定并印发《交通运输节能减排第三方审核机构认定暂行办法》、《交通运输节能减排专项资金支持区域性、主题性项目实施细则（试行）》、《交通运输节能减排能力建设项目管理办法（试行）》等配套文件。二是建立交通运输节能减排专项资金支持项目激励机制，研究制定了专项资金绩效调查方案并组织开展了初步调查。三是根据《交通运输节能减排专项资金管理暂行办法》，确定了 23 家交通运输节能减排第三方审核机构，正式启动了第三方评估工作。

四、推进技术创新和能力建设

鼓励交通运输节能减排技术创新和应用，通过典型示范活动，宣传推广成熟的节能减排技术和产品，推动交通运输技术性节能减排。发布“轨道交通地下车站通风空调系统节能环保技术应用”等 20 个交通运输行业第五批节能减排示范项目，并在 2012 年全国“节能宣传周”期间对第五批节能减排示范项目进行了授牌。继续加大对城市客运节能减排研究工作的支持力度，深入推进节能减排科技示范工程，组织开展交通运输建设科技成果推广目录、节能减排能力建设项目发布等工作。继续推进节能减排标准规范的制修订工作，开展《天然气汽车替代燃料量评价方法研究》等标准规范研究项目。

五、加强低碳交通理念的宣传

2012 年，交通运输部联合有关部委和单位开展了形式多样的交通运输节能减排宣传活动，广泛宣传低碳交通发展理念，为推进城市客运节能减排营造良好氛围。一是开展了 2012 年全国“节能宣传周”活动，进一步提高公众低碳出行意识，在《光明日报》、《经济日报》、《中国交通报》等媒体上大力宣传交

通运输节能减排经验和成效。二是举办“2012 中国交通发展论坛”低碳交通论坛和“2012 中国节能与低碳发展论坛”，加强城市客运节能减排领域的技术交流与经验共享。三是组织出版《2011 中国交通运输节能减排与低碳发展报告》，明确了城市客运行业节能减排目标和工作部署，并对地方城市节能减排实践进行了系统归纳和总结。

11.2 地方实践

1 西安

（1）全面部署交通运输节能减排工作。制定并印发《2012 年全市交通运输行业节能减排工作要点》和《任务分解表》、《西安市交通运输局关于贯彻落实西安市全面提升环境空气质量工作规划(2012~2020 年)实施方案》等相关文件，明确了交通运输节能减排工作的目标任务，并强化考核、跟踪落实，确保任务完成。

（2）加快清洁能源车辆推广应用。2012 年，全市出租汽车行业天然气车辆使用率超过 99%，公共汽电车中天然气车辆使用率达 96%。积极开展新能源公交车辆示范工作，购置 4 辆纯电动空调公交车投入试运行。严格执行老旧车辆报废更新制度，2012 年西安市公交总公司报废 89 辆汽油车辆，更新 165 辆纯天然气车辆。

（3）开展低碳交通运输体系试点。2012 年，西安市申请国家低碳交通运输体系建设试点城市获得批准，西安市编制完成了《西安市低碳交通运输体系建设试点方案》，围绕公路网建设、智能交通发展、城市交通缓堵等重点任务，制订详细的实施方案，有序推进了低碳交通运输体系试点建设。

（4）加快提高城市客运运营效率。2012 年 10 月，交通运输部正式确定西安市为第一批公交都市创建城市。西安市根据公交都市创建工作实施方案，进一步加大城市公共交通投入力度，完善财政补贴制度，改善城市公共交通换乘条件，加快公交专用车道和公交信息化建设，城市公共交通服务能力不断提高。2012 年，西安市新增 11 条公交专用车道，运营里程 43.8 公里，高峰期间公交专用车道内公交车平均运营速度提高了约 20%。西安市不断加强出租汽车运营管理，新建 59 个出租汽车停靠点，减少出租汽车空驶率，降低了出租汽车行业的能源消耗和碳排放水平。

2 青岛

（1）积极推进低碳交通运输体系建设城市试点工作。2012 年，青岛市被交通运输部列为全国第二批低碳交通运输体系建设城市试点。青岛市成立了试点工作领导小组，编制完成了《青岛市低碳交通运输体系建设城市试点实施方案》，对试点工作进行了全面部署，并细化了项目建设推进方案。

（2）加大清洁能源车辆推广应用。青岛市不断加大城市客运节能减排支持力度，2012 年新购置压缩天然气(CNG)出租汽车 1775 辆，新增及更新 800 余辆公交车，其中纯电动公交车 200 辆、液化天然气(LNG)公交车 110 辆、压缩天然气（CNG）公共汽电车 490 辆，城市客运车辆的节能减排水平得到显著提升。

（3）加大宣传力度，营造低碳交通运输体系建设的舆论氛围。2012 年 6 月，青岛市组织开展了以“节能低碳，绿色发展”为主题的“节能宣传周”活动，印发了《青岛市交通运输行业 2012 年节能宣传周活动方案》和《青岛市道路运输管理局机关节能减排倡议书》等，组织开展了丰富多彩的节能减排宣传活动，有效提高了社会公众对建设低碳交通运输体系重要意义的认识。

（4）加强节能减排技能培训。2012 年 5 月，青岛市交通运输委员会举办了面向各区（市）交通运输局、交通运输行业企事业单位的交通运输行业节能减排培训班，并组织全市交通运输行业相关人员参加了交通运输部和山东省交通运输厅组织的业务培训。同时，还组织城市客运企业开展了节能驾驶技能竞赛活动，不断提高驾驶员的节能意识和操作技能。

11.3 工作重点

一、深入推进绿色低碳交通运输体系建设试点

深入推进绿色低碳交通运输体系建设试点，部署下一阶段低碳交通运输体系建设工作，及时总结试点经验，深化试点内容，完善保障措施，进一步扩大区域性“低碳交通城市”试点范围。研究完善相应的评价考核指标体系和评价办法，加强试点工作的监督考评和宣传推广，有针对性地加强试点示范工作的督促和指导。

二、有序推进节能减排重点工作

严格实施营运车辆燃料消耗限值准入制度，继续推进液化天然气、液化石油气汽车在城市公共交通和出租汽车领域的应用，鼓励使用节能和新能源汽车。健全相关标准规范，加快天然气汽车技术升级和充气站等配套设施建设，加大政策支持和资金引导。继续推进出租汽车行业服务管理信息化建设，推广电召服务，提高电话预约效率。

三、进一步加强节能减排能力建设

组织开展城市客运领域碳交易机制政策研究，探索利用市场机制推进城市客运节能减排工作。进一步完善城市客运重点用能单位能耗监测制度，做好重点用能单位能源利用在线监测系统建设。推进城市客运节能减排考核制度建设，在部分省份组织开展考核试点工作。积极开展低碳交通运输体系建设评价体系研究、应对气候变化战略研究等重点科研项目。加快研究建立城市交通能源消耗与环境排放预测、评估模型，组织做好2013年度交通运输节能减排专项资金项目申请与审核工作，继续开展第三方审核评估工作。

四、继续加强宣传教育与技能培训

大力宣传交通运输低碳发展理念，鼓励社会公众低碳出行，营造促进交通运输绿色低碳发展的良好环境。组织做好2013年全国节能宣传周和低碳日活动，集中宣传城市客运节能减排先进典型。策划并实施“倡导低碳出行”相关的主题宣传活动，大力宣传节能减排成效。组织开展交通运输节能减排技能培训班，创新培训方式，确保培训效果。

第十二章　行业精神文明建设

12.1　现状

精神文明建设是城市客运行业发展的重要内容，对于提升城市客运行业从业人员素质和服务水平具有重要作用。2012 年 3 月，交通运输部发布了《2012 年全国交通运输行业精神文明建设工作要点》（以下简称《要点》）及《关于深入贯彻落实十七届六中全会精神　进一步推进交通运输文化建设的实施意见》（以下简称《意见》），全面部署了 2012 年交通运输行业精神文明建设工作，明确了行业精神文明建设的重点任务。依据《要点》，交通运输行业将广泛开展“讲文明、树新风”活动，加强交通运输行业核心价值体系建设，广泛开展学习践行雷锋精神活动，深化行业窗口单位“为民服务、创先争优”活动，积极创建文明线路、文明站点，认真落实“文明交通行动计划”。《意见》进一步细化了行业文明建设工作，提出“围绕加快转变发展方式、大力发展现代交通运输业的中心任务，以践行行业核心价值体系为主线，加强组织领导，抓住工作重点，突出行业特色，进一步兴起交通运输文化建设新高潮。”

2012 年 9 月，交通运输部启动了 2008 年大部制改革以来第一次城市公共交通行业先进集体和先进个人评选活动。10 月，交通运输部下发了《交通运输部关于表彰全国城市公共交通行业先进集体和先进个人的决定》（交运发〔2012〕552 号），并在 10 月底召开的全国城市公共交通工作会议上，对评选出的城市公共交通行业十佳先进企业、十佳优质服务线路和十佳先进个人进行了表彰。

专栏 12-1　全国城市公共交通行业十佳先进企业、十佳优质服务线路和十佳先进个人名单

一、全国城市公共交通行业十佳先进企业

石家庄市公共交通总公司
大连公交客运集团有限公司
长春公共交通（集团）有限责任公司
常州市公共交通集团公司
杭州市公共交通集团有限公司
济南市公共交通总公司
郑州市公共交通总公司
深圳巴士集团股份有限公司
重庆市轨道交通（集团）有限公司
乌鲁木齐市公共交通集团有限公司

二、全国城市公共交通行业十佳优质服务线路

北京公交集团公司第六客运分公司 1 路
上海浦东新区上南公共交通有限公司 786 路
厦门市快速公交线路
南昌市公共交通总公司一公司 2/22 路
常德市公共交通有限责任公司 1 路

南宁市公共交通总公司一公司5路
海口市公共交通集团有限公司4路
贵阳市公共交通(集团)有限公司云岩分公司15路
西安市公共交通总公司43路
兰州公交集团有限公司1路

三、全国城市公共交通行业十佳先进个人

天津市公共交通集团(控股)有限公司　于秉华
大原公共交通控股(集团)有限公司　安建香
鄂尔多斯市天安公共交通有限责任公司　李庆普
哈尔滨市公共汽车总公司　谭湘
蚌埠市公共交通集团有限公司　杨苗苗
济南市公共交通总公司　吴倩
武汉市公共交通集团有限公司　张兵
自贡公交集团宇星运业有限公司　朱红
西宁市公共交通有限责任公司二分公司　宋爱萍
银川市公共交通有限公司　杨秀玉

12.2 地方实践

2012年，各地积极开展“树典型，抓先进，比成效”等行业精神文明建设活动，有效促进了城市客运行业的健康发展。

1 河北省石家庄市公共交通总公司

● **加强文化建设，打造“文化公交”**

建立企业文化体系。公司成立了企业文化建设组织机构，提炼了以企业精神、口号和经营理念为核心的理念系统，健全了以《企业员工行为规范》等为主的行为规范体系，设计了形象标识系统，形成了集精神文化、制度文化、行为文化和物质文化为一体的综合文化体系。

开展职工劳动竞赛。结合企业营运实际，广泛开展了“提素质、创品牌、上水平”等各具特色的劳动竞赛和岗位练兵活动，逐步形成了培训、练兵、比武、升级“四位一体”的岗位技能提升模式，推动了企业整体业务水平的提高。

丰富职工文化活动。公司先后建成了企业文化展厅、安全教育基地、职工书屋、职工学校、职工俱乐部等多位一体的职工文化家园，组建了百人军乐队、百人大鼓队、百人合唱队及舞龙舞狮队等文体团队。开展职工文艺汇演、职工运动会、职工大课堂、全员军训等活动，企业的凝聚力不断增强。

● **以服务为根本，打造“和谐公交”**

公司积极开辟新线路，优化线网结构，提升服务水平，公交车厢服务合格率和车厢整洁合格率全面提高。同时，公司还推出多项便民服务举措，对131条公交线路进行了延时调整，实行残疾人、伤残军人、现役军人、特级教师以及70岁以上老年人等10类人群的免费乘车服务，努力为群众提供优质的公交服务。

② 哈尔滨市“公交工人节”

为鼓励全民参与城市公共交通优先发展，哈尔滨市从 2011 年开始，将每年的 9 月 22 日确定为哈尔滨市“公交工人节”，目的是通过活动，倡导社会各界尊重和关心广大公交职工的工作和生活，维护公交职工的合法权益，为广大公交职工解决工作和生活中的实际困难，营造更为健康和谐的工作环境。2012 年，为迎接“公交工人节”，哈尔滨市为全市公交从业人员配发统一服装，增强了公交工人的辨识度，提升了公交工人的社会地位和荣誉感；改善驾驶员的工作环境，公交驾驶员有了就餐、休息、洗浴和娱乐的场所。在“公交工人节”上，哈尔滨市政府领导和市民共同乘坐公交车出行，为优秀驾驶员发放了“驾驶员公寓”入住资格证，为 6000 多名驾驶员“授星”，其中 7 名公交驾驶员被授予五星级驾驶员称号，29 人被授予四星级驾驶员。

③ 北京公交集团公司 1 路车队

北京公交集团公司 1 路开通于 1935 年 9 月，途经中南海、天安门、王府井等首都重点地区，线路总长 24.8 公里，被人们赋予“国门第一路”的称号。多年来，1 路车队员工始终以争创“首都公交代表队”为奋斗目标，坚守“责任、真诚、奉献”的 1 路精神，形成了以“清醒的政治意识，强烈的责任意识，科学的创新意识，领先的服务意识，昂扬的争先意识”为管理内涵的“长安街意识”和以“真情服务创精品，公交优秀我领先”为核心的“首都公交代表队”服务理念，积极开展服务品牌实践活动，得到了广大乘客的好评。

12.3 工作重点

为进一步做好行业精神文明建设工作，下一步重点工作如下：

一、组织开展群众性公共交通文化活动

积极开展多种形式的宣传教育活动和群众性文化活动，每年 9 月份组织开展“公交出行宣传周”活动，倡导文明交通、绿色交通理念，鼓励公众选择城市公共交通、步行、自行车等绿色交通方式出行，培养绿色交通出行习惯，改善城市交通秩序。

二、加强行业文化建设，培养先进典型

推动开展城市公交企业和职工优质服务竞赛活动，提高职工服务意识和服务技能，培育爱岗敬业、乐于奉献的城市公交企业文化。认真总结城市公共交通发展历程，建设公共交通宣传基地，推动城市公共交通行业精神文明建设，培养和宣传行业文明企业和先进个人。

附录一　2012 年度城市客运大事记

1月

5 日　交通运输部、人力资源和社会保障部、全国总工会联合印发了《关于在出租汽车行业开展和谐劳动关系创建活动的通知》(交运发〔2012〕13 号)。

18 日　北京市政府办公厅印发了《缓解北京市区交通拥堵第九阶段（2012 年）工作方案》，提出“确保 2012 年实现中心城交通指数控制在 6.0 以下，公共交通出行比例达到 44%，减少机动车主要污染物排放，提升道路交通安全水平，确保首都交通安全顺畅的年度缓堵工作目标。”

2月

7 日　交通运输部公布第二批低碳交通运输体系建设试点城市名单，从 2012 年起到 2014 年，在北京、昆明、西安等 16 个城市开展第二批低碳交通运输体系建设试点工作。至此，低碳试点城市已增至 26 个。

10 日　交通运输部低碳交通运输体系建设第二批试点城市启动会在山东烟台召开。

17 日　交通运输部部长李盛霖到济南市公共交通总公司检查指导工作。他勉励济南公交战线广大干部职工认真贯彻落实中央领导同志的重要指示精神，发扬优良传统，抓住发展机遇，深入开展创先争优活动，擦亮“济南公交”这一为民服务品牌。

27 日　交通运输部、人力资源和社会保障部、全国总工会联合召开全国出租汽车行业和谐劳动关系创建活动电视电话会议，动员部署全国出租汽车行业和谐劳动关系创建活动。

3月

5 日　《关于 2011 年中央和地方预算执行情况与 2012 年中央和地方预算草案的报告》提交十一届全国人大五次会议审查。2012 年，中央财政预算交通运输支出 3565.93 亿元，其中对城市公交、农村客运等公益性行业给予油价补贴，安排资金 659.46 亿元。

5月

4 日　江苏省交通运输信息化工作会议在南京召开，交通运输部副部长高宏峰、江苏省副省长史和平出席会议并共同启动江苏智慧交通“232 畅通网工程”。

15 日　由交通运输部主办的第十一届中国国际交通技术与设备展览会暨 2012 中国交通发展论坛在北京举行。交通运输部部长李盛霖作了主题报告，明确提出促进交通运输行业安全发展、绿色发展的六大努力方向。

6月

11 日　交通运输部部长李盛霖宣布交通运输部机关公共自行车服务正式启动，标志着交通运输行业节能宣传周活动正式拉开帷幕。

15 日　《财政部　国家税务总局关于城市公交企业购置公共汽电车辆免征车辆购置税的通知》（财税〔2012〕51 号）发布，规定对城市公交企业自 2012 年 1 月 1 日起至 2015 年 12 月 31 日止购置的公共汽电车辆免征车辆购置税。

15 日　交通运输部举行第五批交通运输行业节能减排示范项目授牌暨全国道路客运节能减排达标竞赛启动仪式。

20 日　交通运输部副部长冯正霖在全国出租汽车行业和谐劳动关系创建活动推进会上讲话，要求加快推进和谐劳动关系创建，推动出租汽车行业规范健康发展。

26 日　《国家税务总局　交通运输部关于城市公交企业购置公共汽电车辆免征车辆购置税有关问题的通知》发布，明确了免征范围、申报材料要求及审核程序等相关事项。

29 日　道路客货运输驾驶员从业资格培训教材出版，交通运输部副部长冯正霖为教材作序，要求把好驾驶员从业资格"考试关"和"继续教育关"。

7月

10 日　交通运输部副部长、交通运输部节能减排工作领导小组副组长高宏峰主持召开 2012 年交通运输部节能减排工作领导小组第二次会议，总结交通运输行业节能减排工作经验，研究部署下半年节能减排工作。

11 日　《交通运输部关于认真做好〈校车安全管理条例〉贯彻实施工作的通知》发布，要求各地交通运输部门认真履行职责，切实做好《校车安全管理条例》贯彻实施工作。

20 日　全国城市客运标准化技术委员会成立会议在山东省青岛市召开。

31 日　第三届智能运输大会（ITSCC）在北京举行。

9月

1 日　国家标准《机动车运行安全技术条件》（GB 7258—2012）实施，进一步明确了公共汽车运行安全技术要求。

10 日　《交通运输部办公厅关于城市公共交通智能化应用示范工程建设项目的通知》（厅运字〔2012〕210 号）发布，提出选取 10 个城市开展城市公共交通智能化应用示范工程建设项目。

13 日　主题为"城市交通运输发展趋势与未来"的第 29 届全国中心城市交通改革与发展研讨会在陕西省西安市召开。

22 日　中国道路运输协会城市客运行业分会成立会议在北京举行。

23 日　《国务院关于第六批取消和调整行政审批项目的决定》发布，决定取消和调整 314 项行政审批项目，公共交通工具卫生许可等相关项目也在取消行列。

10月

10 日　国务院召开第 219 次常务会议，研究部署城市优先发展公共交通，确定了优先发展城市公共交通的重点任务。

15 日　2012 年第二届中国（深圳）公交都市发展论坛在深圳召开，论坛以“转型与创新——公交事业再提速”为主题。

26 日　《交通运输部关于公布公交都市建设示范工程第一批创建城市的通知》（交运发〔2012〕550 号）发布，北京市等 15 个城市成为公交都市建设示范工程第一批创建城市。

《交通运输部关于表彰全国城市公共交通行业先进集体和先进个人的决定》（交运发〔2012〕552 号）发布，表彰了全国十佳城市公交企业、十佳优质服务线路和十佳先进个人。

29 日 ~30 日　交通运输部在深圳市召开全国城市公共交通工作会议。交通运输部部长杨传堂和副部长冯正霖出席会议并做了重要讲话。会议研究部署了当前和今后一段时期城市公交优先发展的重点工作。

11月

6 日　交通运输部副部长冯正霖在京主持召开道路运输工作座谈会，强调积极推进城乡客运一体化建设和接驳运输等相关工作。

12月

1 日　国务院印发《服务业发展“十二五”规划》（国发〔2012〕62 号），提出实施城市公共交通优先发展战略，推进综合运输大通道和综合交通枢纽建设，促进城乡客运一体化发展。

27 日　交通运输部部长、部节能减排工作领导小组组长杨传堂主持召开部节能减排领导小组工作会议。会议听取了 2012 年交通运输行业节能减排工作情况的汇报，研究了 2013 年行业节能减排重点工作，审议并原则通过交通运输节能减排第三方审核机构认定名单。

29 日　《国务院关于城市优先发展公共交通的指导意见》（国发〔2012〕64 号）发布，要求进一步强化公交优先发展理念，并从发展原则、发展目标、发展政策和发展机制等方面提出了系统的指导意见。

附录二 图表目录

图 目 录

图 1-1 2010 ~ 2012 年全国公共汽电车、出租汽车运营车辆数量情况
图 1-2 2010 ~ 2012 年全国城市轨道交通运营车辆和客运轮渡船只数量情况
图 1-3 2010 ~ 2012 年全国公共汽电车和城市轨道交通运营线路长度情况
图 1-4 2010 ~ 2012 年全国城市客运系统客运量情况
图 2-1 2010 ~ 2012 年全国国内生产总值与城市客运系统客运量情况
图 2-2 2010 ~ 2012 年城镇居民人均可支配收入与城市客运系统客运量情况
图 2-3 2010 ~ 2012 年城镇化率与城市客运系统客运量情况
图 3-1 2010 ~ 2012 年全国公共汽电车场站面积情况
图 3-2 2012 年全国 31 个省（自治区、直辖市）公共汽电车车均场站面积情况
图 3-3 2010 ~ 2012 年全国 31 个省（自治区、直辖市）公共汽电车车均场站面积情况
图 3-4 2012 年全国 36 个中心城市公共汽电车车均场站面积情况
图 3-5 2010 ~ 2012 年全国 36 个中心城市公共汽电车车均场站面积情况
图 3-6 2010 ~ 2012 年全国公交专用车道长度情况
图 3-7 2010 ~ 2012 年全国 31 个省（自治区、直辖市）公交专用车道长度情况
图 3-8 2010 ~ 2012 年全国 36 个中心城市公交专用车道长度情况
图 3-9 2010 ~ 2012 年全国 31 个省（自治区、直辖市）公共汽电车运营线路条数情况
图 3-10 2012 年全国 36 个中心城市万人拥有公共汽电车运营线路条数情况
图 3-11 2010 ~ 2012 年全国公共汽电车运营线路长度情况
图 3-12 2010 ~ 2012 年全国 36 个中心城市公共汽电车单条线路平均长度情况
图 3-13 2012 年全国 36 个中心城市万人公共汽电车保有量情况
图 3-14 2010 ~ 2012 年全国公共汽电车运营车辆 GPS 安装率情况
图 3-15 2010 ~ 2012 年全国 31 个省（自治区、直辖市）公共汽电车运营车辆 GPS 安装率情况
图 3-16 2010 ~ 2012 年全国安装空调的公共汽电车运营车辆占全部运营车辆比重情况
图 3-17 2010 ~ 2012 年全国 31 个省（自治区、直辖市）安装空调的公共汽电车运营车辆占全部运营车辆比重情况
图 3-18 2010 ~ 2012 年全国 36 个中心城市公共汽电车运营车辆 GPS 安装率情况
图 3-19 2010 ~ 2012 年全国 36 个中心城市安装空调的公共汽电车运营车辆占全部运营车辆比重情况
图 3-20 2010 ~ 2012 年全国公共汽电车运营车辆按燃料类型划分情况
图 3-21 2012 年全国公共汽电车运营车辆按燃料类型划分情况
图 3-22 2012 年全国 31 个省（自治区、直辖市）新能源公共汽电车运营车辆数情况
图 3-23 2012 年全国 36 个中心城市新能源公共汽电车运营车辆数情况
图 3-24 2010 ~ 2012 年全国公共汽电车经营主体情况
图 3-25 2010 ~ 2012 年全国公共汽电车从业人员情况

图 3-26　2010 ~ 2012 年全国 31 个省（自治区、直辖市）公共汽电车运营车辆人车比情况
图 3-27　2010 ~ 2012 年全国 36 个中心城市公共汽电车运营车辆人车比情况
图 3-28　2012 年全国 31 个省（自治区、直辖市）公共汽电车运营里程情况
图 3-29　2010 ~ 2012 年全国 31 个省（自治区、直辖市）公共汽电车车均运营里程情况
图 3-30　2010 ~ 2012 年全国 36 个中心城市公共汽电车车均运营里程情况
图 3-31　2010 ~ 2012 年全国 31 个省（自治区、直辖市）公共汽电车客运量情况
图 3-32　2012 年全国 36 个中心城市人均乘坐公共汽电车次数情况
图 3-33　2010 ~ 2012 年全国 31 个省（自治区、直辖市）公共交通一卡通刷卡量占公共汽电车客运量的比重情况
图 3-34　2010 ~ 2012 年全国 36 个中心城市公共交通一卡通刷卡量占公共汽电车客运量的比重情况
图 4-1　2010 ~ 2012 年全国城市轨道交通车站总数情况
图 4-2　2010 ~ 2012 年全国城市轨道交通车站数量情况
图 4-3　2010 ~ 2012 年全国城市轨道交通运营线路条数情况
图 4-4　2010 ~ 2012 年全国城市轨道交通运营线路总长度情况
图 4-5　2010 ~ 2012 年全国各城市轨道交通运营线路条数情况
图 4-6　2010 ~ 2012 年全国城市轨道交通运营线路长度情况
图 4-7　2010 ~ 2012 年全国城市轨道交通运营车辆数量情况
图 4-8　2010 ~ 2012 年全国城市轨道交通从业人员情况
图 4-9　2012 年全国城市轨道交通客运量占城市公共交通客运量比重情况
图 4-10　2010 ~ 2012 年全国城市人均乘坐城市轨道交通次数情况
图 5-1　2010 ~ 2012 年全国 31 个省（自治区、直辖市）出租汽车运营车辆数量情况
图 5-2　2012 年全国出租汽车运营车辆按照燃料类型划分情况
图 5-3　2010 ~ 2012 年全国出租汽车运营车辆燃料类型情况
图 5-4　2010 ~ 2012 年全国出租汽车企业经营主体情况
图 5-5　2012 年全国出租汽车企业按车辆规模划分及所占比重情况
图 5-6　2010 ~ 2012 年全国出租汽车从业人员情况
图 5-7　2010 ~ 2012 年全国 31 个省（自治区、直辖市）出租汽车从业人员情况
图 5-8　2010 ~ 2012 年全国 36 个中心城市出租汽车人车比情况
图 5-9　2012 年全国 31 个省（自治区、直辖市）出租汽车平均每车年运营里程情况
图 5-10　2010 ~ 2012 年全国 31 个省（自治区、直辖市）出租汽车平均每车年运营里程情况
图 5-11　2010 ~ 2012 年全国 36 个中心城市出租汽车平均每车年运营里程情况
图 5-12　2010 ~ 2012 年全国 31 个省（自治区、直辖市）出租汽车客运量情况
图 5-13　2010 ~ 2012 年全国 31 个省（自治区、直辖市）出租汽车里程利用率情况
图 5-14　2010 ~ 2012 年全国 36 个中心城市出租汽车里程利用率情况

表 目 录

表 1-1 2012 年全国 31 个省（自治区、直辖市）城市公共交通供给能力综合情况
表 1-2 2012 年全国 36 个中心城市公共交通供给能力综合情况
表 1-3 2012 年全国 31 个省（自治区、直辖市）城市公共交通服务水平综合情况
表 1-4 2012 年全国 36 个中心城市公共交通服务水平综合情况
表 3-1 2012 年全国公共汽电车发展情况
表 3-2 2012 年全国 31 个省（自治区、直辖市）公共汽电车场站面积情况
表 3-3 2012 年全国 36 个中心城市公共汽电车场站面积情况
表 3-4 2012 年全国 31 个省（自治区、直辖市）公交专用车道长度情况
表 3-5 2012 年全国 36 个中心城市公交专用车道长度情况
表 3-6 2012 年全国 36 个中心城市万人拥有公共汽电车运营线路长度情况
表 3-7 2012 年全国 31 个省（自治区、直辖市）公共汽电车运营线路长度及单条线路平均长度情况
表 3-8 2012 年全国 36 个中心城市公共汽电车运营线路情况
表 3-9 2012 年全国快速公交（BRT）运营线路情况
表 3-10 2012 年全国 31 个省（自治区、直辖市）公共汽电车运营车辆数情况
表 3-11 2012 年全国 36 个中心城市万人公共汽电车保有量情况
表 3-12 2012 年全国快速公交（BRT）运营车辆数情况
表 3-13 2012 年全国 31 个省（自治区、直辖市）公共汽电车运营车辆 GPS 安装率情况
表 3-14 2012 年全国 31 个省（自治区、直辖市）安装空调的公共汽电车运营车辆占全部运营车辆比重情况
表 3-15 2012 年全国 36 个中心城市公共汽电车运营车辆的 GPS 安装率和空调车比重情况
表 3-16 2012 年全国公共汽电车运营车辆按燃料类型划分情况
表 3-17 2012 年全国 31 个省（自治区、直辖市）新能源公共汽电车运营车辆数情况
表 3-18 2012 年全国 36 个中心城市公共汽电车运营车辆按燃料类型划分情况
表 3-19 2012 年全国 31 个省（自治区、直辖市）公共汽电车经营企业和从业人员情况
表 3-20 2012 年全国 31 个省（自治区、直辖市）公共汽电车运营车辆人车比情况
表 3-21 2012 年全国 36 个中心城市公共汽电车运营车辆人车比情况
表 3-22 2012 年全国 36 个中心城市公共汽电车客运量情况
表 3-23 2012 年全国东、中、西部地区公共交通一卡通刷卡量占公共汽电车客运量的比重情况
表 3-24 2012 年全国公共交通一卡通刷卡量占公共汽电车客运量的比重情况
表 3-25 2012 年全国 36 个中心城市公共交通一卡通刷卡量占公共汽电车客运量的比重情况
表 4-1 2012 年全国城市轨道交通发展情况
表 4-2 2012 年全国城市轨道交通车站数量情况
表 4-3 2012 年全国城市轨道交通运营线路长度情况
表 4-4 2012 年全国城市轨道交通运营车辆数量情况
表 4-5 2012 年全国城市轨道交通从业人员情况
表 4-6 2012 年全国城市轨道交通运营指标情况

表 5-1　　2012 年全国出租汽车发展情况
表 5-2　　2012 年全国出租汽车运营车辆数量情况
表 5-3　　2012 年全国出租汽车运营车辆按燃料类型划分情况
表 5-4　　2012 年全国 36 个中心城市出租汽车运营车辆按燃料类型划分情况
表 5-5　　2012 年全国出租汽车企业运营车辆规模所占比重情况
表 5-6　　2012 年全国 31 个省（自治区、直辖市）出租汽车从业人员情况
表 5-7　　2012 年全国 36 个中心城市出租汽车人车比情况
表 5-8　　2012 年全国 31 个省（自治区、直辖市）出租汽车年运营里程情况
表 5-9　　2012 年全国 36 个中心城市出租汽车平均每车年运营里程情况

LIST OF FIGURES

Figure 1-1 Nationwide Operating Bus and Taxi Statistics from 2010 to 2012

Figure 1-2 Nationwide Operating Rail Transit Vehicle and Ferry Statistics from 2010 to 2012

Figure 1-3 Nationwide Bus and Urban Rail Transit Route Length Statistics from 2010 to 2012

Figure 1-4 Nationwide Urban Passenger Transport System Passenger Volume Statistics from 2010 to 2012

Figure 2-1 GDP and Urban Transit System Passenger Volume from 2010 to 2012

Figure 2-2 Disposable Income per Capita and Urban Passenger Transport System Passenger Volume Statistics from 2010 to 2012

Figure 2-3 Urbanization Rate and Urban Passenger Transport System Passenger Volume Statistics from 2010 to 2012

Figure 3-1 Nationwide Bus Parking and Maintenance Area Statistics

Figure 3-2 Bus Parking and Maintenance Area Statistics within 31 Provinces and Municipalities in 2012

Figure 3-3 Average Bus Parking and Maintenance Area within 31 Provinces and Municipalities from 2010 to 2012

Figure 3-4 Average Bus Parking and Maintenance Area within 36 Central Cities in 2012

Figure 3-5 Average Bus Parking and Maintenance Area within 36 Central Cities from 2010 to 2012

Figure 3-6 Total Bus Lane Length from 2010 to 2012

Figure 3-7 Bus Lane Length within 31 Provinces and Municipalities from 2010 to 2012

Figure 3-8 Bus Lane Length within 36 Central Cities from 2010 to 2012

Figure 3-9 Bus Route Statistics of 31 Provinces and Municipalities from 2010 to 2012

Figure 3-10 Bus Routes per 10,000 People in 31 Provinces and Municipalities from 2010 to 2012

Figure 3-11 Total Bus Route Length from 2010 to 2012

Figure 3-12 Average Bus Route Length in 36 Central Cities from 2010 to 2012

Figure 3-13 Buses per 10,000 People in 36 Central Cities in 2012

Figure 3-14 Bus GPS Installation Ratio by City from 2010 to 2012

Figure 3-15 Bus GPS Installation Ratio in 31 Provinces and Municipalities from 2010 to 2012

Figure 3-16 Nationwide Bus A/C Installation Ratio from 2010 to 2012

Figure 3-17 Bus A/C Installation Ratio in 31 Provinces and Municipalities from 2010 to 2012

Figure 3-18 Bus GPS Installation Ratio in 36 Central Cities from 2010 to 2012

Figure 3-19 Bus A/C Installation Ratio in 36 Central Cities from 2010 to 2012

Figure 3-20 Nationwide Bus Statistics by Fuel Type from 2010 to 2012

Figure 3-21 Nationwide Bus Statistics by Fuel Type in 2012

Figure 3-22 New Energy Bus Statistics in 31 Provinces and Municipalities from 2010 to 2012

Figure 3-23 New Energy Bus Statistics in 36 Central Cities in 2012

Figure 3-24 Nationwide Bus Operator Types from 2010 to 2012

Figure 3-25 Nationwide Bus Employee Statistics from 2010 to 2012

Figure 3-26 Ratio of Employee to Bus in 31 Provinces and Municipalities from 2010 to 2012

Figure 3-27 Ratio of Employee to Bus in 36 Central Cities 2010 to 2012

Figure 3-28 Total Bus Operation Mileage in 31 Provinces and Municipalities in 2012
Figure 3-29 Operation Mileage per Bus in 31 Provinces and Municipalities from 2010 to 2012
Figure 3-30 Operation Mileage per Bus in 36 Central Cities from 2010 to 2012
Figure 3-31 Bus Passenger Volume in 31 Provinces and Municipalities from 2010 to 2012
Figure 3-32 Bus Ride per People in 36 Central Cities from 2010 to 2012
Figure 3-33 IC Card Usage Ratio in 31 Provinces and Municipalities from 2010 to 2012
Figure 3-34 IC Card Usage Ratio in 36 Central Cities from 2010 to 2012
Figure 4-1 Nationwide Urban Rail Transit Station Statistics from 2010 to 2012
Figure 4-2 Urban Rail Transit Station Statistics by City from 2010 to 2012
Figure 4-3 Nationwide Urban Rail Transit Operation Line Statistics from 2010 to 2012
Figure 4-4 Nationwide Urban Rail Transit Operation Line Length Statistics from 2010 to 2012
Figure 4-5 Urban Rail Transit Operation Line Statistics by City from 2010 to 2012
Figure 4-6 Urban Rail Transit Operation Line Length Statistics by City from 2010 to 2012
Figure 4-7 Urban Rail Transit Operation Vehicle Statistics by City from 2010 to 2012
Figure 4-8 Urban Rail Transit Employee Statistics by City from 2010 to 2012
Figure 4-9 Ratio of Urban Rail Transit Passenger Volume to Urban Transit Passenger Volume in 2012
Figure 4-10 Average Rail Transit Ride per People by City from 2010 to 2012
Figure 5-1 Taxi Statistics in 31 Provinces and Municipalities from 2010 to 2012
Figure 5-2 Taxi Statistics by Fuel Type in 2012
Figure 5-3 Taxi Statistics by Fuel Type from 2010 to 2012
Figure 5-4 Taxi Operator Types from 2010 to 2012
Figure 5-5 Taxi Operator Statistics by Number of Vehicles Owned in 2012
Figure 5-6 Taxi Industry Employee Statistics by City from 2010 to 2012
Figure 5-7 Taxi Industry Employee Statistics in 31 Provinces and Municipalities from 2010 to 2012
Figure 5-8 Ratio of Employees to Taxi in 36 Central Cities from 2010 to 2012
Figure 5-9 Average Annual Operation Mileage per Taxi in 31 Provinces and Municipalities in 2012
Figure 5-10 Average Annual Operation Mileage per Taxi in 31 Provinces and Municipalities from 2010 to 2012
Figure 5-11 Average Annual Operation Mileage per Taxi in 36 Central Cities from 2010 to 2012
Figure 5-12 Total Taxi Passenger Volume in 31 Provinces and Municipalities from 2010 to 2012
Figure 5-13 Taxi Utilization Rate in 31 Provinces and Municipalities from 2010 to 2012
Figure 5-14 Taxi Utilization Rate in 36 Central Cities from 2010 to 2012

LIST OF TABLES

Table 1-1 Urban Passenger Transport Supply Capacity of 31 Provinces and Municipalities in 2012
Table 1-2 Urban Passenger Transport Supply Capacity of 36 Central Cities in 2012
Table 1-3 Urban Passenger Transport Service Level of 31 Provinces and Municipalities in 2012
Table 1-4 Urban Passenger Transport Service Level of 36 Central Cities in 2012
Table 3-1 Bus Sector Development in 2012
Table 3-2 Bus Parking and Maintenance Area within 31 Provinces and Municipalities in 2012
Table 3-3 Bus Parking and Maintenance Area within 36 Central Cities in 2012
Table 3-4 Bus Lane Length within 31 Provinces and Municipalities in 2012
Table 3-5 Bus Lane Length within 36 Central Cities in 2012
Table 3-6 Bus Route Length per 10,000 People in 36 Central Cities in 2012
Table 3-7 Bus Route Length and Average Route Length in 31 Provinces and Municipalities in 2012
Table 3-8 Bus Operation Route Length in 36 Central Cities in 2012
Table 3-9 BRT Route Statistics by City in 2012
Table 3-10 Bus Statistics in 31 Provinces and Municipalities in 2012
Table 3-11 Buses per 10,000 People in 36 Central Cities in 2012
Table 3-12 BRT Bus Statistics by City in 2012
Table 3-13 Bus GPS Installation Ratio in 31 Provinces and Municipalities in 2012
Table 3-14 Bus A/C Installation Ratio in 31 Provinces and Municipalities in 2012
Table 3-15 Bus GPS Installation Ratio and A/C Installation Ratio in 36 Central Cities in 2012
Table 3-16 Nationwide Bus Statistics by Fuel Type in 2012
Table 3-17 New Energy Bus Statistics in 31 Provinces and Municipalities in 2012
Table 3-18 Bus Statistics by Fuel Type in 36 Central Cities in 2012
Table 3-19 Bus Operator and Employee Statistics in 31 Provinces and Municipalities in 2012
Table 3-20 Ratio of Employees to Bus in 31 Provinces and Municipalities in 2012
Table 3-21 Ratio of Employees to Bus in 36 Central Cities in 2012
Table 3-22 Bus Passenger Volume in 36 Central Cities in 2012
Table 3-23 IC Card Usage Statistics and Ratio in Eastern, Central and Western China in 2012
Table 3-24 IC Card Usage Ratio by City in 2012
Table 3-25 IC Card Usage Ratio in 36 Central Cities in 2012
Table 4-1 Nationwide Urban Rail Transit Development in 2012
Table 4-2 Urban Rail Transit Station Statistics by City in 2012
Table 4-3 Urban Rail Transit Operation Line Length Statistics by City in 2012
Table 4-4 Urban Rail Transit Operation Vehicle Statistics by City in 2012
Table 4-5 Urban Rail Transit Employee Statistics by City in 2012
Table 4-6 Urban Rail Transit Operating Index in 2012
Table 5-1 Taxi Industry Development in 2012
Table 5-2 Taxi Statistics in 2012

Table 5-3 Taxi Statistics by Fuel Type in 2012
Table 5-4 Taxi Statistics by Fuel Type in 36 Central Cities in 2012
Table 5-5 Taxi Operator Statistics by Number of Vehicles Owned in 2012
Table 5-6 Taxi Employee Statistics in 31 Provinces and Municipalities in 2012
Table 5-7 Taxi Employee Statistics and Vehicle Statistics in 31 Provinces and Municipalities in 2012
Table 5-8 Taxi Annual Operation Mileage in 31 Provinces and Municipalities in 2012
Table 5-9 Average Annual Operation Mileage per Taxi in 36 Central Cities in 2012